Cora Kalenga
Martina Schröder

Bildergeschichten für die Grundschule

2. – 4. Schuljahr

Oldenbourg

Inhaltsverzeichnis

Vorwort 3
Checkliste für Schüler (2. Klasse) 4
Checkliste für Schüler (3./4. Klasse) 5
Korrekturzeichen für Lehrer und Schüler 6

Bildergeschichten für die 2. Klasse

Dankbare Eichhörnchen
(Schwerpunkt: Adjektive)
Hinweise zum Stundenverlauf 7

Schlitten – ade!
(Schwerpunkte: Nomen, Verben)
Hinweise zum Stundenverlauf 9
Kopiervorlagen zur Differenzierung 11

Die Geburtstagstorte
(Schwerpunkt: Satzanfänge)
Hinweise zum Stundenverlauf 13
Kopiervorlage zur Differenzierung 15

Die Familienwippe
(Schwerpunkt: Ein passendes Ende finden)
Hinweise zum Stundenverlauf 16
Kopiervorlage zur Differenzierung 18

Gute Nacht, alle miteinander!
(Schwerpunkt: Eine passende Einleitung finden)
Hinweise zum Stundenverlauf 19
Kopiervorlagen zur Differenzierung 21

Der müde Osterhase
(Schwerpunkte: Verben, Adjektive)
Hinweise zum Stundenverlauf 22
Kopiervorlagen zur Differenzierung 24

Bildergeschichten für die 3. und 4. Klasse

Waldspaziergang mit Überraschung
(Schwerpunkte: Einleitung, Satzanfänge, Höhepunkt, wörtliche Rede)
Hinweise zum Stundenverlauf 25
Kopiervorlagen zur Differenzierung 27

Warten auf den Nikolaus
(Schwerpunkte: Verben, Adjektive)
Hinweise zum Stundenverlauf 29
Kopiervorlagen zur Differenzierung 31

Das Weihnachtsfest
(Schwerpunkte: Verben, Adjektive)
Hinweise zum Stundenverlauf 34
Kopiervorlagen zur Differenzierung 36

Mäusealarm
(Schwerpunkt: Wörtliche Rede)
Hinweise zum Stundenverlauf 37
Kopiervorlagen zur Differenzierung 39

Der bestohlene Schneemann
(Schwerpunkte: Verben, Adjektive)
Hinweise zum Stundenverlauf 41
Kopiervorlagen zur Differenzierung 43

Die lästigen Hausaufgaben
(Schwerpunkte: Verben, Adjektive)
Hinweise zum Stundenverlauf 44
Kopiervorlage zur Differenzierung 46

Das hungrige Pferd
(Schwerpunkt: Wörtliche Rede)
Hinweise zum Stundenverlauf 47
Kopiervorlagen zur Differenzierung 49

Ein wunderbarer Traum
(Schwerpunkte: Verben, Adjektive)
Hinweise zum Stundenverlauf 50
Kopiervorlagen zur Differenzierung 52

Familienfilm mit Unterbrechung
(Schwerpunkte: Eine passende Einleitung finden,
Verben, Adjektive)
Hinweise zum Stundenverlauf 53
Kopiervorlagen zur Differenzierung 55

In eisiger Not
(Schwerpunkte: Wörtliche Rede, Adjektive)
Hinweise zum Stundenverlauf 56
Kopiervorlagen zur Differenzierung 58

Vorwort

Was bietet der vorliegende Band Lehrern und Lehrerinnen für ihren Aufsatzunterricht?
Die Bildfolgen in 3–6 Bildern thematisieren Erlebnisse aus der Erfahrungswelt von Kindern dieser Altersstufe. Die Inhalte sind thematisch dem Grundschullehrplan entnommen und/oder jahreszeitlich geprägt. Die Illustrationen sind ansprechend und ermöglichen eine Identifikation mit den Handlungsträgern, einer Familie mit zwei Kindern, Katze und Hund.
Praxisorientierte Verlaufsplanungen ermöglichen Lehrern und Lehrerinnen eine schnelle und unkomplizierte Anwendung. In den Unterrichtseinheiten werden alle wichtigen Gestaltungsmittel (wörtliche Rede, Verben und Adjektive, Satzanfänge etc.) erarbeitet. Darüber hinaus bieten sie Differenzierungsmöglichkeiten (quantitativ und qualitativ) für drei verschiedene Leistungsniveaus innerhalb einer Klasse:

> **Differenzierung 1**
> für gute Schreiber
>
> **Differenzierung 2**
> gezielte Übungen mit zusätzlichen Hilfen
>
> **Differenzierung 3**
> quantitative und qualitative Differenzierung nach unten

Die Checklisten zur Textüberarbeitung und Textbewertung sind für die Schülerhand gedacht. Neben Vorschlägen für sinnvolle Korrekturzeichen finden Lehrerinnen* eine Fülle von Tipps und Anregungen, um ihren Aufsatzunterricht für sich und ihre Schüler lustvoll und effizient zu gestalten.

Praktische Tipps zur Handhabung

Es bietet sich für die Unterrichtsstunden an, die einzelnen Bilder der Bildfolgen auf das Format DIN A3 zu vergrößern. Die Schüler erhalten eine Mappe für die Arbeitsblätter zur Differenzierung und ihre Geschichtenentwürfe. Es hat sich als besonders praktisch erwiesen, wenn die Schüler dabei nur in jede zweite Zeile schreiben. Das ermöglicht der Lehrerin eine übersichtliche Korrektur. Die von den Schülern selbst und/oder der Lehrerin korrigierten Entwürfe können anschließend in ein Geschichtenheft eingetragen werden.
Die Checkliste zur Textüberarbeitung und Textbewertung wird nach Schüleranzahl kopiert und anschließend laminiert. Die Schüler haben so die Möglichkeit, mit einem wasserlöslichen Folienstift zu arbeiten. Bei jeder Bildergeschichte kann so die Checkliste wiederverwendet werden.

Allen Kindern und Lehrerinnen wünschen wir mit unseren lustigen, spannenden, aber auch mal traurigen oder besinnlichen Bildergeschichten viele schöne Aufsatzstunden!

München, im Frühjahr 2009 *Cora Kalenga*
            Martina Schröder

---

*Aus Gründen der leichteren Lesbarkeit haben wir in diesem Buch die weibliche oder die männliche Form gewählt. Selbstverständlich sind immer Lehrerinnen und Lehrer, Schülerinnen und Schüler, Pädagoginnen und Pädagogen usw. gemeint.

Checkliste für Schüler (Klasse 2)

Lies dir die Bildergeschichte genau durch.
Du darfst sie mit Symbolen bewerten.

Zeichenerklärung: ☺ gut   😐 mittel   ☹ das könntest du noch besser machen

Inhalt	☺	😐	☹
Du hast der Reihe nach erzählt und nichts Wichtiges vergessen.			
Du hast eine gute Überschrift gefunden.			
Du hast eine Einleitung und einen Schluss geschrieben.			
Du hast den Hauptteil genau und spannend erzählt.			

Sprache	☺	😐	☹
Du hast auf verschiedene Satzanfänge geachtet.			
Du hast viele Tunwörter und Wiewörter verwendet.			
Du hast deine Personen sprechen lassen.			
Du hast Wiederholungen vermieden.			

Deine Geschichte gefällt mir insgesamt:

○ sehr gut

○ gut

○ das könntest du noch besser machen:

_____
_____
_____
_____
_____
_____
_____

Checkliste für Schüler (Klasse 3 und 4)

Lies dir die Bildergeschichte genau durch.
Du darfst sie mit den Symbolen bewerten.
Zeichenerklärung:

☺☺ sehr gut
☺   gut
😐 nicht immer darauf geachtet
☹   selten darauf geachtet
☹☹ gar nicht darauf geachtet

Inhalt	☺☺	☺	😐	☹	☹☹
Du hast der Reihe nach erzählt.					
Du hast nichts Wichtiges vergessen.					
Du hast eine spannende Überschrift gefunden.					
Du hast eine Einleitung geschrieben.					
Du hast den Hauptteil ausführlich erzählt.					
Deine Geschichte hat einen spannenden Höhepunkt.					
Dein Schluss ist kurz und passend.					

Sprache	☺☺	☺	😐	☹	☹☹
Du hast auf verschiedene Satzanfänge geachtet.					
Du hast treffende Adjektive/Wiewörter verwendet.					
Du hast treffende Verben/Tunwörter verwendet.					
Du hast deine Personen sprechen lassen.					
Du hast Wiederholungen vermieden.					

Deine Geschichte gefällt mir insgesamt:
○ sehr gut
○ gut
○ mittel, weil _____

_____

_____

○ das könntest du noch besser machen: _____

_____

_____

_____

Korrekturzeichen für Lehrer und Schüler

⊥   Falscher Buchstabe (der bun_d_e Drachen)

↑   Dieses Wort wird groß geschrieben! (der bunte ↑drachen)

↓   Dieses Wort wird klein geschrieben. (der ↓Bunte Drachen)

∀   Hier fehlt ein Buchstabe oder Wort! (Der bunte ∀ steigt hoch.)

Sa   Verändere den Satzanfang! (Und dann steigt der bunte Drachen hoch.)

W   Vermeide Wiederholungen! (Der bunte Drachen steigt hoch!)

Sb   Der Satzbau stimmt nicht! (Der bunte Drachen steigen hoch!)

Sz   Das Satzzeichen fehlt! (Der bunte Drachen steigt.)

A   Ausdruck: Suche ein anderes Wort! (Der bunte Drachen klettert hoch.)

Z   Zeitfehler! (Der bunte Drachen ist hochgestiegen!)

B   Bandwurmsatz! (Der bunte Drachen steigt hoch und flattert durch die Luft und verfängt sich in einem Baum).

?   Was meinst du? Drücke dich klarer aus! (Der bunte Drachen geht nach oben und wickelt sich in den Baum.)

Bildergeschichten für die 2. Klasse

Dankbare Eichhörnchen
(Schwerpunkt: Adjektive)

Hinweise zum Stundenverlauf

Medien: Bildkarte mit Eichhörnchen, vier Tafelbilder zur Geschichte, einzelne Wortkarten (mit den Nomen: Geschwister, Kastanien, Eicheln, Korb, Eichhörnchen, Förster, Kinder, Schild), Geschichtenleine mit getrockneten Herbstblättern dekoriert, Checkliste mit Schreibtipps

1. Einstimmung
Die Lehrerin zeigt einen Korb mit Kastanien und Eicheln.
Die Schüler erzählen dazu.

2. Schreibziel
Lehrerin: Die Herbstfrüchte sind ein Leckerbissen für ein Waldtier.
Die Schüler vermuten u. a. Eichhörnchen.
Die Lehrerin heftet eine Bildkarte mit Eichhörnchen an die Seitentafel.

3. Schreibplanung
Die Lehrerin hängt Bild 1 an die Tafel.
Die Schüler beschreiben.
Die Lehrerin befestigt Wortkarten mit Nomen (Kinder, Kastanien, Eicheln, Korb) an der Tafel.
Die Lehrerin ergänzt Bild 2 an der Tafel.
Die Schüler beschreiben.
Die Lehrerin hängt die Wortkarte mit Nomen (Eichhörnchen) an die Tafel.
Die Lehrerin präsentiert Bild 4 (mit Lücke zu Bild 2) an der Tafel.
Die Schüler beschreiben und vermuten, wer das Danke-Schild aufgestellt hat.
Die Lehrerin hängt Wortkarten mit Nomen (Schild, Kinder) an die Tafel.
Die Schüler stellen ihre Vorschläge vor.
Die Lehrerin heftet Bild 3 und die Wortkarte mit Nomen (Förster) an.

4. Textentwurf
Differenzierung 1: Die Schüler schreiben in Einzelarbeit.
Differenzierung 2: Die Schüler notieren in Partnerarbeit zu den Nomen (siehe Wortkarten an der Tafel) passende Adjektive.
Die Schüler nennen die gefundenen Adjektive und die Lehrerin schreibt sie vor die jeweiligen Wortkarten.
Die Schüler schreiben nun ihren Entwurf in Einzelarbeit.
Differenzierung 3: Die Schüler formulieren in der Kleingruppe mit der Lehrerin Sätze zu den Bildern.
Dann schreiben diese Schüler ihren Entwurf in Einzelarbeit.

5. Präsentation des Erstentwurfes
Die Schüler, die den Entwurf beendet haben, suchen sich einen Partner. Sie lesen jeweils den Entwurf des Partners und kreuzen auf der Checkliste Symbole an als Hinweis, was noch verbessert werden sollte.

6. Überarbeitung des Erstentwurfes
Die Schüler überarbeiten ihren Entwurf im Hinblick auf die Vorschläge des Partners.
Im Folgenden korrigiert die Lehrerin den überarbeiteten Entwurf.

7. Präsentation der Endversion
Es folgt eine Ausstellung der Reinschriften an der Geschichtenleine. Diese wird mit getrockneten Herbstblättern dekoriert.

Dankbare Eichhörnchen: Vier Tafelbilder und eine Bildkarte

Bild 1

Bild 2

Bild 3

Bild 4

Bildkarte

© Oldenbourg Schulbuchverlag GmbH, OKV 141, Bildergeschichten für die Grundschule

Schlitten – ade!
(Schwerpunkte: Nomen, Verben)

Hinweise zum Stundenverlauf

Medien: Tafelanschrift Purzelwort, fünf Tafelbilder zur Geschichte, KV 4 (Wortkarten mit Verben), KV 5 (Lösungstext), KV 6 (Lückentext), Checkliste mit Schreibtipps

1. Einstimmung
Vorbereitete Tafelanschrift: Schlittenfahrt als Bildwort

S
  c h
     l i t
        t e n
            f a h r t

Die Klasse erzählt von eigenen Erlebnissen.

2. Schreibziel
Lehrerin: Bei der Schlittenfahrt, von der du heute erfährst, passiert ein kleiner Unfall.

3. Schreibplanung
Die Lehrerin heftet vier Tafelbilder ungeordnet an die Tafel.
Die Kinder ordnen die Bilder an der Tafel und erzählen jeweils dazu.
Die Lehrerin hängt ein fünftes Bild dahinter. Es ist weiß und zeigt nur ein Fragezeichen.
Die Kinder stellen Vermutungen zum Schluss an.

4. Textentwurf
Differenzierung 1: Die Kinder schreiben in Einzelarbeit.
Differenzierung 2: Die Kinder erzählen erneut zu den Bildern. Die Lehrerin notiert währenddessen unter den Bildern die Nomen.
Die Lehrerin heftet an die rechte Seitentafel Wortkarten mit Verben (KV 4). Die Kinder ordnen die Wortkarten den Tafelbildern zu.
Die Kinder schreiben anschließend ihre Sätze in Einzelarbeit.
Differenzierung 3: Die Kinder erhalten von der Lehrerin einen Lückentext (KV 6). Sie formulieren den Text mündlich in der Kleingruppe und mit der Lehrerin. Dann setzen die Kinder in Einzelarbeit die fehlenden Verben ein und notieren selbstständig sowohl eine Überschrift, als auch einen Schluss zu ihrer Geschichte.

5. Präsentation des Erstentwurfes
Die Lehrerin markiert mit vereinbarten Zeichen in den Erstentwürfen der Kinder Verbesserungsvorschläge (siehe die Checkliste für die zweite Klasse).

6. Überarbeitung des Erstentwurfes
Die Kinder überarbeiten ihre Geschichten im Hinblick auf die Verbesserungsvorschläge der Lehrerin.

7. Präsentation der Endversion
Freiwillige Kinder lesen die Reinschrift ihrer Geschichte der Klasse vor. Die anderen Kinder äußern sich gegebenenfalls dazu.

Schlitten – ade!: Fünf Tafelbilder

KV 4 Schlitten – ade!: Wortkarten mit Verben

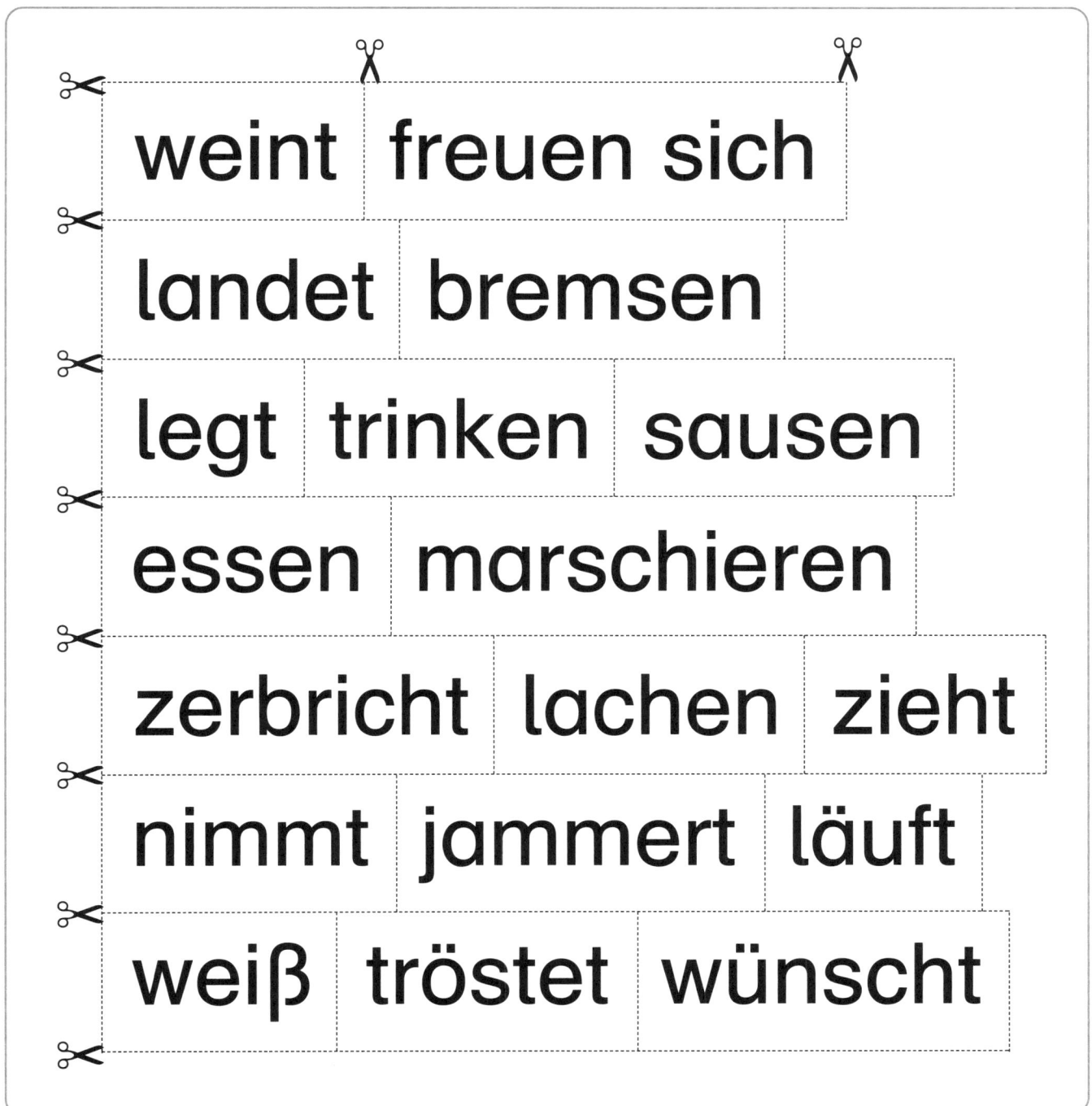

KV 5 Lösungstext

An einem schönen Wintertag **marschieren** Nina und Sebastian mit ihren Eltern zum Schlittenhang. Die Kinder **freuen sich** schon aufs Schlittenfahren. Schon bald **sausen** die beiden vergnügt und ziemlich rasant den Hang hinunter. Unten kann Sebastian aber nicht rechtzeitig **bremsen**. Mit voller Wucht **landet** er in einem riesigen Heuhaufen. Sein Schlitten **zerbricht** und er **weint** bitterlich. Erschrocken **läuft** Nina zu ihm. Sebastian **jammert**: Mein schöner Schlitten ist kaputt! Papa **legt** seinen Arm um ihn und **tröstet** ihn. Mutter **nimmt** Ninas Hand und **zieht** ihren Schlitten. Daheim **trinken** sie alle einen warmen Tee und **essen** leckere Lebkuchen. Nun kann Sebastian wieder **lachen**. Er **weiß** auch schon, was er sich zu seinem Geburtstag **wünscht**.

KV 6 Schlitten – ade!: Lückentext zur Differenzierung 3

a) Setze die Tunwörter in der Geschichte ein.
b) Finde eine spannende Überschrift.
c) Schreibe einen passenden Schluss.

> landet   weint   freuen sich   bremsen   trinken   sausen
> essen   marschieren   zerbricht   lachen   zieht   nimmt   jammert
> weiß   tröstet   wünscht   legt   läuft

_____

An einem schönen Wintertag _____ Nina und Sebastian mit ihren Eltern zum Schlittenhang.

Die Kinder _____ schon aufs Schlittenfahren. Schon bald _____ die beiden vergnügt und ziemlich rasant den Hang hinunter.

Unten kann Sebastian aber nicht rechtzeitig _____ .

Mit voller Wucht _____ er in einem riesigen Heuhaufen.

Sein Schlitten _____ und er _____ bitterlich.

Erschrocken _____ Nina zu ihm. Sebastian _____ :

Mein schöner Schlitten ist kaputt! Papa _____ seinen Arm um ihn und _____ ihn. Mutter _____ Ninas Hand und _____ ihren Schlitten. Daheim _____ sie alle einen warmen Tee und _____ leckere Lebkuchen.

Nun kann Sebastian wieder _____ . Er _____ auch schon, was er sich zu seinem Geburtstag _____ .

Die Geburtstagstorte
(Schwerpunkt: Satzanfänge)

Hinweise zum Stundenverlauf

Medien: Bild mit Geburtstagstorte, vier Tafelbilder zur Geschichte (Bild 4 ist senkrecht in drei Teile unterteilt), KV 7 (Satzanfänge), Checkliste mit Schreibtipps

1. Einstimmung
Die Lehrerin heftet die Bildkarte mit einer Geburtstagstorte an die Tafel.
Die Schüler erzählen dazu.

2. Schreibziel
Lehrerin: Auf diese Torte freut sich schon das Geburtstagskind.

3. Schreibplanung
Die Lehrerin hängt Bild 1 an die Tafel.
Die Schüler beschreiben.
Die Lehrerin heftet Bild 2 an die Tafel.
Die Schüler erzählen und vermuten.
Die Lehrerin ergänzt Bild 3 an der Tafel.
Die Schüler verbalisieren dazu.
Die Lehrerin heftet die drei Teile von Bild 4 sukzessive an: Katze schläft im Korb – zerstörte Torte – entsetzte Familie.
Die Schüler geben den Inhalt der Bildteile wieder.
Die Lehrerin schreibt ein Fragezeichen hinter Bild 4.
Die Schüler machen Vorschläge zum Ende der Geschichte.

4. Textentwurf
Differenzierung 1: Die Schüler schreiben in Einzelarbeit.

Differenzierung 2: Die Lehrerin schreibt Satzanfänge unter die Bilder an der Tafel (z. B. Heute ..., An diesem Tag ..., Währenddessen ..., Danach ..., Inzwischen ..., Plötzlich ..., Kurz darauf ..., In diesem Moment ...).
Die Schüler formulieren dazu vollständige Sätze.
Die Schüler schreiben den Text zu den Bildern in Einzelarbeit.
Differenzierung 3: Die Schüler erhalten den Text zu den Bildern (KV 7). Sie erlesen ihn gemeinsam mit der Lehrerin. Sie stellen fest, dass sich die Satzanfänge wiederholen. In Einzelarbeit schreiben die Schüler die Sätze mit unterschiedlichen Satzanfängen unter Zuhilfenahme der Tafelanschrift und finden selber ein Ende für die Geschichte.

5. Präsentation des Erstentwurfes
Die Schüler, die ihren Entwurf beendet haben, suchen sich einen Partner. Sie lesen jeweils den Entwurf des Partners und überlegen, was er verbessern könnte (Einsatz der Checkliste).

6. Überarbeitung des Erstentwurfes
Die Schüler überarbeiten ihren Entwurf im Hinblick auf die Vorschläge des Partners.
Im Folgenden korrigiert die Lehrerin den überarbeiteten Entwurf.

7. Präsentation der Endversion
Die Schüler schreiben die Reinschrift auf ein Linienblatt (evtl. mit Katzenumriss). Diese Katzenumrisse können auf farbiges Papier geklebt und an die Geschichtenleine gehängt werden.

Die Geburtstagstorte: Vier Tafelbilder und eine Bildkarte

KV 7 Die Geburtstagstorte: Satzanfänge zur Differenzierung 3

Schreibe die Geschichte ab und achte dabei auf unterschiedliche Satzanfänge.
Finde ein passendes Ende für die Geschichte.

Sebastian feiert seinen neunten Geburtstag.
Mutter hat für ihn eine prächtige Torte vorbereitet.
Mutter deckt den Tisch wunderschön.
Mutter stellt die prächtige Torte auf den Tisch im Wohnzimmer.
Die Katze lauert gierig hinter dem Sofa.
Mutter verlässt das Zimmer.
Die hungrige Katze schleicht sich an.
Die Katze springt geschickt auf den Tisch.
Die Katze verspeist genussvoll die Torte.
Die Familie tritt in das Wohnzimmer und freut sich schon auf die leckere Torte.
Die Familie entdeckt entsetzt die Reste der Torte auf dem Tisch.
Die Katze schläft erschöpft und satt in ihrem Korb …

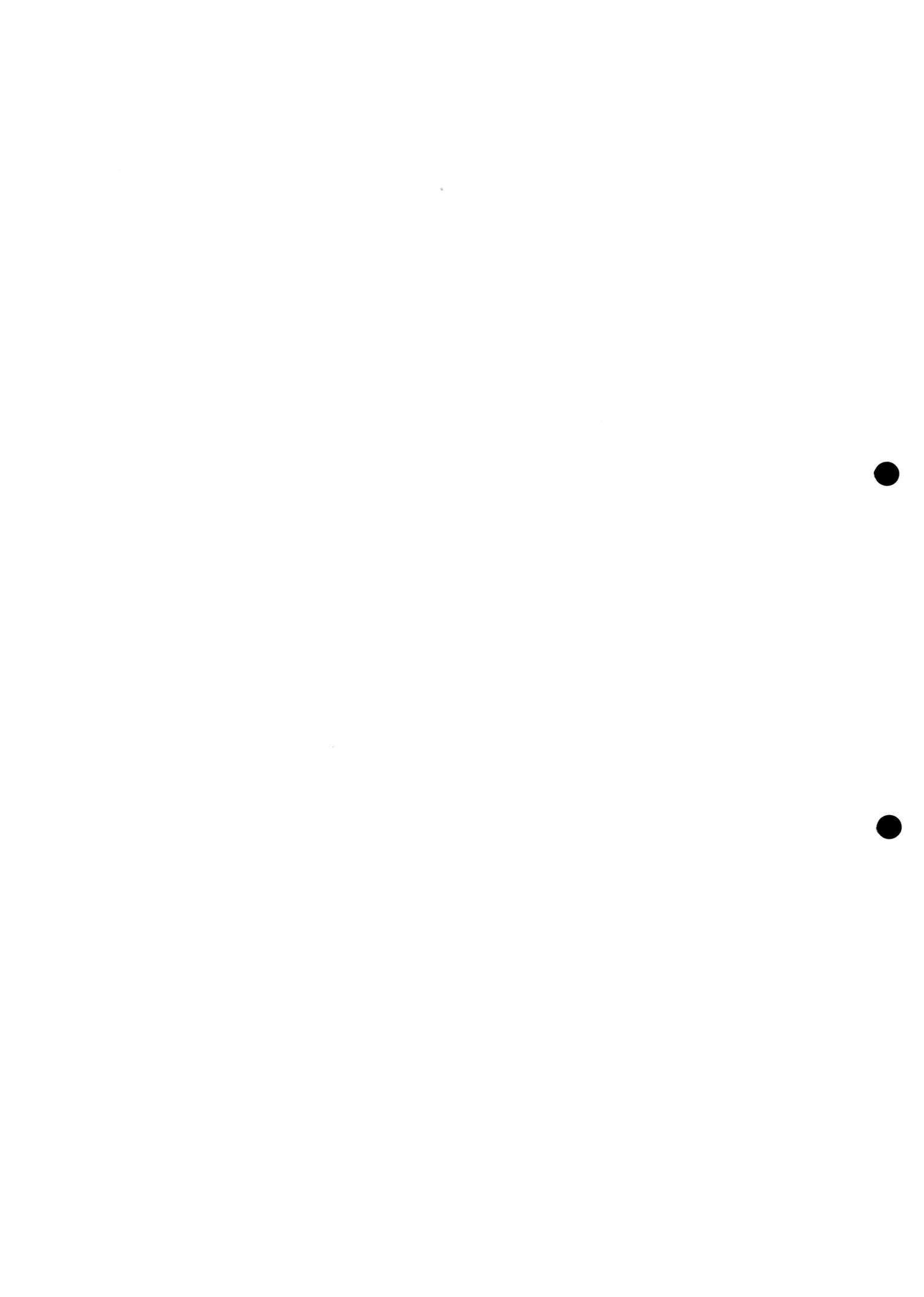

Die Familienwippe
(Schwerpunkt: Ein passendes Ende finden)

Hinweise zum Stundenverlauf

Medien: vier Tafelbilder zur Geschichte, KV 8 (Gruppenaufträge), Checkliste mit Schreibtipps

1. Einstimmung
Die Lehrerin schreibt an die linke Tafelseite: Auf dem Spielplatz …
Die Kinder setzen den Satz fort.
Die Lehrerin hängt Bild 1 an die Tafel; es ist teilweise abgedeckt, sodass nur die Wippe zu sehen ist.
Lehrerin: Auf dieser Wippe erlebt eine Familie eine Überraschung.
Die Klasse vermutet.

● **2. Schreibziel**
Lehrerin: Auf den Bildern siehst du gleich, was genau passiert.

3. Schreibplanung
Die Lehrerin deckt Bild 1 ganz auf und schreibt darüber: Wer? Wo? Was? Wann?
Die Kinder machen Vorschläge, die Lehrerin notiert Stichpunkte unter dem ersten Bild.
Die Lehrerin zeigt das zweite, dann das dritte Bild.
Die Kinder erzählen dazu und vermuten jeweils den weiteren Verlauf.
Lehrerin: Nun passiert etwas Unerwartetes.
Die Lehrerin heftet Bild 4 an die Tafel.
Die Kinder beschreiben den Bildinhalt.

● **4. Textentwurf**
Differenzierung 1: Die Kinder schreiben in Einzel- oder Partnerarbeit den Erstentwurf.
Differenzierung 2: Die Kinder erhalten in der Gruppe ein Arbeitsblatt mit Arbeitsaufträgen (KV 8). Sie lesen die Stichpunkte und notieren davor jeweils die passende Bildnummer. Danach überlegen sie in der Gruppe, wie die Geschichte enden könnte. Anschließend erfolgt die Zusammenschau im Sitzhalbkreis vor der Tafel.
Die Kinder nennen sukzessive zu den Bildern die passenden Stichpunkte. Die Lehrerin schreibt sie unter die Tafelbilder. Dann erzählen die Kinder, wie sie sich das Ende der Geschichte vorstellen (… einer bricht sich den Arm, andere helfen, andere schimpfen, Vater nimmt das zerbrochene Brett zum Reparieren mit, …). Die Lehrerin zeichnet zu den Vorschlägen jeweils einen Pfeil an die Tafel, der von Bild 4 wegführt.
Die Kinder schreiben die Geschichte in Einzelarbeit oder mit einem Partner.
Differenzierung 3: Die Kinder formulieren in der Kleingruppe die Sätze. Jeweils ein Kind muss den Text zu einem Bild mitschreiben. Die Lehrerin steht ihnen beratend zur Seite. Im Anschluss kopiert die Lehrerin die komplette Geschichte für alle Kinder dieser Gruppe.

5. Präsentation des Erstentwurfes
Sobald die Kinder fertig sind, suchen sie sich einen Partner und lesen jeweils die Geschichte des anderen durch. Auf der Checkliste kreuzen sie die Symbole an, sodass die Partnerkinder wissen, welche Punkte noch verbessert werden können.

6. Überarbeitung des Erstentwurfes
Die Kinder lesen ihre eigene Geschichte noch einmal durch und nehmen Verbesserungen vor. Dabei können sie die Checkliste zu Hilfe nehmen. Danach erfolgt die Korrektur durch die Lehrerin.

7. Präsentation der Endversion
Die Reinschriften werden an einer Geschichtenleine aufgehängt.

Die Familienwippe: Vier Tafelbilder

Bild 1

Bild 2

Bild 3

Bild 4

KV 8 Die Familienwippe: Zuordnung von Verben zu Bildern und Schreiben des Gedichtendes

Arbeite mit deiner Gruppe:

1. Lest die Stichpunkte aufmerksam durch.
2. Schreibt nun die Nummer vor das passende Bild.

- ○ spazierten vergnügt
- ○ brach auseinander
- ○ setzten sich
- ○ stiegen auch
- ○ flogen im hohen Bogen
- ○ wippten nun zu viert
- ○ wurden immer mutiger
- ○ feuerten eifrig an
- ○ landeten unsanft
- ○ freuten sich schon
- ○ jubelten begeistert
- ○ schaukelten mutig
- ○ knackte verdächtig
- ○ liefen freudig voraus
- ○ juchzten vor Freude

3. Überlegt jetzt, wie die Geschichte enden könnte.

Gute Nacht, alle miteinander!

(Schwerpunkt: Eine passende Einleitung finden)

Hinweise zum Stundenverlauf

Medien: Bildkarte mit Sprechblase (Ich kann nicht schlafen, weil ...), vier Tafelbilder zur Geschichte (Bild 1, 3 und 4 zweigeteilt), KV 9 (Verben für die Gruppenarbeit), KV 10 (Textanfang zum Weiterschreiben, oben auf ein Linienblatt kleben und kopieren), Checkliste mit Schreibtipps

1. Einstimmung
Die Lehrerin heftet an die Tafel eine Sprechblase mit der Aufschrift: Ich kann nicht schlafen, weil ...
Die Kinder erzählen aus ihrem Erfahrungsschatz.

2. Schreibziel
Lehrerin: So ergeht es auch den beiden Kindern aus dieser Geschichte.

3. Schreibplanung
Die Lehrerin zeigt Bild 1 (linker Bildteil).
Die Kinder erzählen den Bildinhalt.
Die Lehrerin hängt den rechten Bildteil dazu.
Die Kinder erzählen weiter und vermuten, wohin das Mädchen geht.
Die Lehrerin heftet Bild 2 an.
Die Kinder erzählen dazu.
Die Lehrerin präsentiert an der Tafel den linken Teil von Bild 3.
Die Kinder beschreiben den Bildinhalt.
Die Lehrerin ergänzt den rechten Bildteil.
Die Kinder erzählen und vermuten, was der Junge vorhat.
Die Lehrerin zeigt nun an der Tafel von Bild 4 den linken, dann erst den rechten Bildteil.
Die Kinder beschreiben den Bildinhalt und vermuten den weiteren Verlauf.
Die Lehrerin schreibt ein großes Fragezeichen rechts von Bild 4.

Die Kinder überlegen in der Gruppe, wie die Geschichte enden könnte. Die Gruppen tragen kurz ihre Ideen vor.

4. Textentwurf
Differenzierung 1: Die Kinder schreiben ihre Geschichte in Einzelarbeit.
Differenzierung 2: Die Lehrerin schreibt über das Bild die Leitfragen: Wer? Wo? Was? Wann?
Die Kinder äußern Ideen, die Lehrerin fixiert Stichpunkte an der Tafel.
Die Kinder erhalten ein Arbeitsblatt mit Verben (KV 9), das sie in der Gruppe bearbeiten.
Bei der Zusammenschau der Ergebnisse notiert die Lehrerin Verben an der Tafel.
Die Kinder sitzen im Halbkreis vor der Tafel.
Sie formulieren der Reihe nach Sätze zu den Bildern.
Dann schreiben die Kinder in Einzelarbeit ihre Geschichte.
Differenzierung 3: Die Kinder erhalten ein Arbeitsblatt (KV 10). Darauf sind die Einleitung und der Text zu Bild 1 bereits formuliert. In die Zeilen darunter schreiben sie die Geschichte weiter.

5. Präsentation des Erstentwurfes
Die Lehrerin notiert unter dem Erstentwurf Verbesserungsvorschläge und macht im Text entsprechende Markierungen. Der Schwerpunkt liegt dabei auf der passenden Einleitung, dem Inhalt, den treffenden Verben und den Satzanfängen.

6. Überarbeitung des Erstentwurfes
Die Kinder überarbeiten am Folgetag ihren Text, den dann die Lehrerin korrigiert.

7. Präsentation der Endversion
Die Kinder finden sich in Kleingruppen zusammen und lesen sich gegenseitig ihre Geschichten vor.

Gute Nacht, alle miteinander!: Vier Tafelbilder und eine Bildkarte

Bild 1

Bild 2

Bild 3

Bild 4

Bildkarte

Ich kann nicht schlafen, weil ...

KV 9 Gute Nacht, alle miteinander!: Gruppenarbeit: Zuordnung von Verben und Bildern

Überlegt in der Gruppe und kreist dann die Tunwörter ein, die zu dem Bild passen.

Bild 1

scheint   blitzt   spielt   schläft fest
träumt   dreht sich   legt sich hin
wacht auf   steht auf   beobachtet
saust   tapst

Bild 2

schleicht   marschiert   legt sich zu
setzt sich   schaut zu   kuschelt sich
sucht   schläft weiter

Bild 3

erwacht   schläft ein   steigt aus
springt   tappt   trampelt   öffnet
schließt   verlässt   kommt herein

Bild 4

liegen   stehen   kuscheln aneinander
erzählen   sitzt   springt   frisst
winselt   blickt   tobt

KV 10 Textanfang zur Differenzierung 3 (oben auf ein Linienblatt kleben und kopieren)

_____

Es ist mitten in der Nacht. Draußen ist es finster und der Mond scheint hell ins

Kinderzimmer. Dort liegt _____ in seinem Bett und schläft ganz tief.

Seine Schwester _____ ist aufgewacht. Sie hat schlecht geträumt.

Darum steht sie auf und tapst zur Tür. Nun schleicht sie zum Zimmer ihrer Eltern und

legt sich zu ihnen ins Bett. Sie kuschelt sich zwischen sie und schläft bald wieder.

(... und nun schreibe die Geschichte weiter!)

Der müde Osterhase
(Schwerpunkte: Verben, Adjektive)

Hinweise zum Stundenverlauf

Medien: Tafelanschrift Bildwörter, vier Tafelbilder zur Geschichte, KV 12 (Verben für die Gruppenarbeit), KV 11 (Wortkarten mit Adjektiven), Checkliste mit Schreibtipps

1. Einstimmung
Die Lehrerin hat Bildwörter an der Tafel vorbereitet.

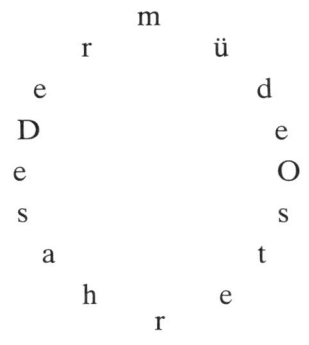

```
            m
         r     ü
      e           d
    D                e
   e                   O
    s                 s
      a            t
         h     e
            r
```

Die Klasse löst das Bildwörterrätsel auf.
Die Lehrerin schreibt die Überschrift an die Tafel.
Die Klasse sucht Gründe für die Müdigkeit des Osterhasen.

2. Schreibziel
Lehrerin: Warum der Osterhase wirklich so müde ist, kannst du gleich selber herausfinden.

3. Schreibplanung
Die Lehrerin hängt im Folgenden die ersten drei Bilder sukzessive an die Tafel.
Die Kinder erzählen dazu und stellen nach dem dritten Bild Vermutungen an, wie die Geschichte weiterverlaufen könnte.
Die Lehrerin zeigt nun das vierte Bild.
Die Kinder beschreiben den Bildinhalt.

4. Textentwurf
Die Lehrerin schreibt über das erste Bild die bekannten Einleitungsfragen: Wer? Wo? Was? Wann?
Die Kinder machen Vorschläge.
Die Lehrerin notiert stichpunktartig Nomen an der Tafel.
Differenzierung 1: Die Kinder schreiben in Einzelarbeit den Text zu den Bildern.
Differenzierung 2: Die Kinder erhalten für ihre Gruppe ein Arbeitsblatt (KV 12) mit einer Auswahl an Verben. Die Schüler kreisen in arbeitsteiliger Gruppenarbeit jeweils die Verben zu einem Bild ein. Bei der Zusammenschau schreibt die Lehrerin die Verben unter das entsprechende Bild.
Die Lehrerin heftet Wortkarten mit Adjektiven (KV 11) an die rechte Tafelseite.
Die Kinder ordnen die Wortkarten den Verben zu. Sie schreiben nun mithilfe der an der Tafel gesammelten Gestaltungsmittel ihre Geschichte.
Differenzierung 3: Die Kinder sitzen vor der Tafel. Die Lehrerin beginnt jeweils den Satz; je ein Schüler beendet ihn. Nach der mündlichen Formulierung der Geschichte schreiben auch diese Kinder ihre Geschichte in Einzelarbeit.

5. Präsentation des Erstentwurfes
Die Kinder suchen sich nach Fertigstellung ihrer Texte Partner. Sie tauschen ihre Geschichten aus und achten dabei mithilfe der Checkliste auf die Gestaltungsmittel.
Danach korrigiert die Lehrerin die Erstentwürfe.

6. Überarbeitung des Erstentwurfes
Nach der Korrektur überarbeiten die Kinder ihre Entwürfe.

7. Präsentation der Endversion
Die Schüler schreiben die Reinschrift auf ein Linienblatt mit dem Umriss eines Ostereis.

Der müde Osterhase: Vier Tafelbilder

Bild 1

Bild 2

Bild 3

Bild 4

KV 11 Der müde Osterhase: Wortkarten mit Adjektiven

mühsam   fleißig

aufgeregt   fröhlich

erschöpft   müde

lecker   herzlich

KV 12 Gruppenarbeit: Verben den Bildern zuordnen

Sucht die Tunwörter heraus, die besonders gut zu eurem Bild passen.

laufen hinein   schleppt   finden   entdecken
lehnt   tragen hinaus   saust umher   sammeln
schläft   bückt sich   freuen sich   füllen
wundern sich   versteckt   jubeln
bedanken sich

Bildergeschichten für die 3. und 4. Klasse

Waldspaziergang mit Überraschung
(Schwerpunkte: Einleitung, Satzanfänge, Höhepunkt, wörtliche Rede)

Hinweise zum Stundenverlauf

Medien: fünf Tafelbilder zur Geschichte, KV 13–17 (Arbeitsaufträge für die Gruppen zu je einem Bild), KV 18 (Anfang der Geschichte, oben auf ein Linienblatt kleben und kopieren), Checkliste mit Schreibtipps

1. Einstimmung
Die Lehrerin hängt Bild 3 auf.
Die Kinder erkennen, dass sich hinter dem Gebüsch ein riesiger Hirsch versteckt, und vermuten, was nun geschieht.

2. Schreibziel
Lehrerin: Dass es ein ganz besonderes Exemplar von einem Hirsch ist, findest du gleich selber heraus.

3. Schreibplanung
Die Lehrerin zeigt an der Tafel nacheinander die Bilder 1 und 2. Bild 3 hängt bereits.
Die Kinder erzählen dazu.
Die Lehrerin ergänzt nun Bild 4.
Die Schüler sehen, dass sich Mutter und Kinder erschrecken. Sie vermuten, warum nur der Hund mutig zum Gebüsch läuft und heftig bellt.
Die Lehrerin präsentiert Bild 5.
Die Kinder beschreiben den Bildinhalt.

4. Textentwurf
Differenzierung 1: Die Kinder suchen sich einen Platz im hinteren Bereich des Zimmers. Sie erhalten die Bilder im Kleinformat und schreiben nun die Geschichte in Einzelarbeit.
Differenzierung 2: Jede Gruppe erhält ein Arbeitsblatt mit dem Arbeitsauftrag zu einem Bild (KV 13–17). Bei der Zusammenschau der Ergebnisse schreibt die Lehrerin Stichpunkte an die Tafel.
Die Kinder schreiben jetzt einzeln ihre Geschichte. Sie können sich dabei an den erarbeiteten Gestaltungshilfen orientieren.
Differenzierung 3: Die Kinder erhalten ein Arbeitsblatt mit dem Anfang der Geschichte (KV 18). Sie finden eine Überschrift und schreiben dann in die freien Zeilen den Rest der Geschichte.

5. Präsentation des Erstentwurfes
Sobald ein Kind fertig ist, sucht es sich einen Partner. Sie tauschen ihre Geschichten aus und lesen sie. Auf der bekannten Checkliste markieren sie mithilfe der Symbole, was verbessert werden könnte. Anhand der Checkliste erklären sie dem Partner die Verbesserungsvorschläge.

6. Überarbeitung des Erstentwurfes
Nun überarbeiten die Kinder ihren Entwurf, bevor dann die Lehrerin diesen korrigiert.

7. Präsentation der Reinschrift
Die Schüler finden sich in Kleingruppen zusammen und lesen sich gegenseitig ihre Reinschrift vor.

Waldspaziergang mit Überraschung: Fünf Tafelbilder

Bild 1

Bild 2

Bild 3

Bild 4

Bild 5

KV 13 Waldspaziergang mit Überraschung: Einleitung der Geschichte (zu Bild 1)

Bild 1:
Wer? Wo? Was? Wann? Schreibt mithilfe von Bild 1 die Einleitung der Geschichte.

KV 14 Sätze zu Bild 2 formulieren mit Schwerpunkt auf Satzanfängen

Bild 2:
Im Wald ist es ganz und gar nicht langweilig. Schreibt einige Sätze und achtet dabei auf die Satzanfänge.

Vorsichtig berührten sie ___

Im Gebüsch fanden sie ___

KV 15 Gestaltung des Höhepunktes der Geschichte (zu Bild 3)

Bild 3:
Hier ist die Geschichte besonders spannend. Schreibt dazu einige Sätze und achtet darauf, dass die Spannung langsam ansteigt.

KV 16 Waldspaziergang mit Überraschung: Wörtliche Rede (zu Bild 4)

Bild 4:
Mutter und Kinder entdeckten das Geweih. Sie flüsterten sich erschrocken zu, was das wohl ist und was gleich geschehen wird. Schreibt dazu einige Sätze mit wörtlicher Rede.

KV 17 Formulieren des Schlussteils (zu Bild 5)

Bild 5:
Hier geschieht eine Menge. Schreibt in Sätzen auf,
- was die Personen tun und
- wie sie es tun.

KV 18 Anfang der Geschichte zur Differenzierung 3
(oben auf ein Linienblatt kleben und kopieren)

An einem schönen, sonnigen Nachmittag spazierten Herr und Frau _____ mit ihren Kindern _____ und _____ vergnügt durch den Wald. Mutter hielt den Hund _____ an der Leine und Vater schleppte den großen Rucksack auf seinem Rücken. Neugierig sausten die Kinder voraus.
Der Junge entdeckte interessante Pilze am Wegrand. Seine Schwester sammelte verschiedene Blätter. Mutter machte die beiden auf ein niedliches Eichhörnchen aufmerksam. Keinem fiel auf, dass Vater immer weiter zurückblieb ...

(... und nun schreibe die Geschichte weiter!)

Warten auf den Nikolaus
(Schwerpunkte: Verben, Adjektive)

Hinweise zum Stundenverlauf

Medien: fünf Tafelbilder zur Geschichte (Bild 5 geteilt in zwei Hälften), Bildkarten: Buch und Sack, KV 19a (Wortkarten mit Verben), KV 19b (Wortkarten mit Adjektiven), KV 20 (Satzstreifen), Checkliste mit Schreibtipps

1. Einstimmung
Die Lehrerin heftet Bild 5/linke Hälfte an die Tafel.
Die Kinder verbalisieren dazu.

2. Schreibziel
Lehrerin: Dieses Jahr kommen ein ganz besonderer Nikolaus und Krampus.

3. Schreibplanung
Das Bildmaterial wird im Folgenden sukzessive an der Tafel fixiert.
Die Lehrerin heftet Bild 1 an die Tafel.
Die Kinder beschreiben den Bildinhalt.
Lehrerin: Die Eltern waren nun ziemlich ärgerlich auf ihre Kinder.
Die Lehrerin hängt Bild 2 an die Tafel.
Die Schüler erzählen zum Bild.
Die Lehrerin zeigt Bild 3 an der Tafel.
Die Schüler vermuten, was in der Kiste sein könnte.
Die Lehrerin schreibt an die Tafel: Im Kinderzimmer …
Die Kinder vermuten, was die beiden im Kinderzimmer unternehmen.
Die Lehrerin bedeckt die Tafelanschrift mit Bild 4.
Die Kinder beschreiben.
Lehrerin: Du weißt nun, wer sich unter den Kostümen versteckte. Die Lehrerin deutet auf die linke Hälfte von Bild 5.
Die Kinder erklären.
Lehrerin: Dieses Jahr verlief der Nikolausabend ganz anders. Die Lehrerin ergänzt die rechte Bildhälfte.
Die Kinder erzählen.
Die Lehrerin ergänzt in Bild 5 Bildkarten mit einem Buch und einem Sack.
Die Kinder erzählen weiter.

4. Textentwurf
Differenzierung 1: Die Kinder erhalten die Bilder auf einem Arbeitsblatt und schreiben die Geschichte in Einzelarbeit.
Differenzierung 2: Die Kinder sitzen im Halbkreis vor der Tafel. Die Lehrerin verteilt Wortkarten mit Verben (KV 19a) und im Folgenden Wortkarten mit Adjektiven (KV 19b) an die Kinder. Die Kinder heften die Wortkarten sukzessive unter das passende Tafelbild.
Im Anschluss formulieren die Kinder die Geschichte einmal mündlich.
Die Kinder schreiben nun den Entwurf in Einzelarbeit.
Differenzierung 3: Die Kinder erhalten die Geschichte in Satzstreifen (KV 20) und ordnen sie.
Die Kinder kontrollieren gegenseitig ihre Sätze und schreiben dann die Sätze ab.

5. Präsentation des Erstentwurfes
Wenn Kinder ihre Geschichte beendet haben, suchen sie sich einen Partner. Sie lesen gegenseitig ihre Entwürfe und markieren auf der Checkliste mithilfe der Symbole, was noch verbessert werden könnte.

6. Überarbeitung des Erstentwurfes
Die Kinder nehmen in ihrem Entwurf Verbesserungen vor, wobei sie die Anregungen des Partners beachten.
Anschließend korrigiert die Lehrerin den verbesserten Entwurf.

7. Präsentation der Endversion
Die Kinder tragen ihre Geschichten ins Aufsatzheft ein und lesen sie in Kleingruppen vor.

Warten auf den Nikolaus: Fünf Tafelbilder und zwei Bildkarten

Bild 1

Bild 2

Bild 3

Bild 4

Bild 5

Bildkarten

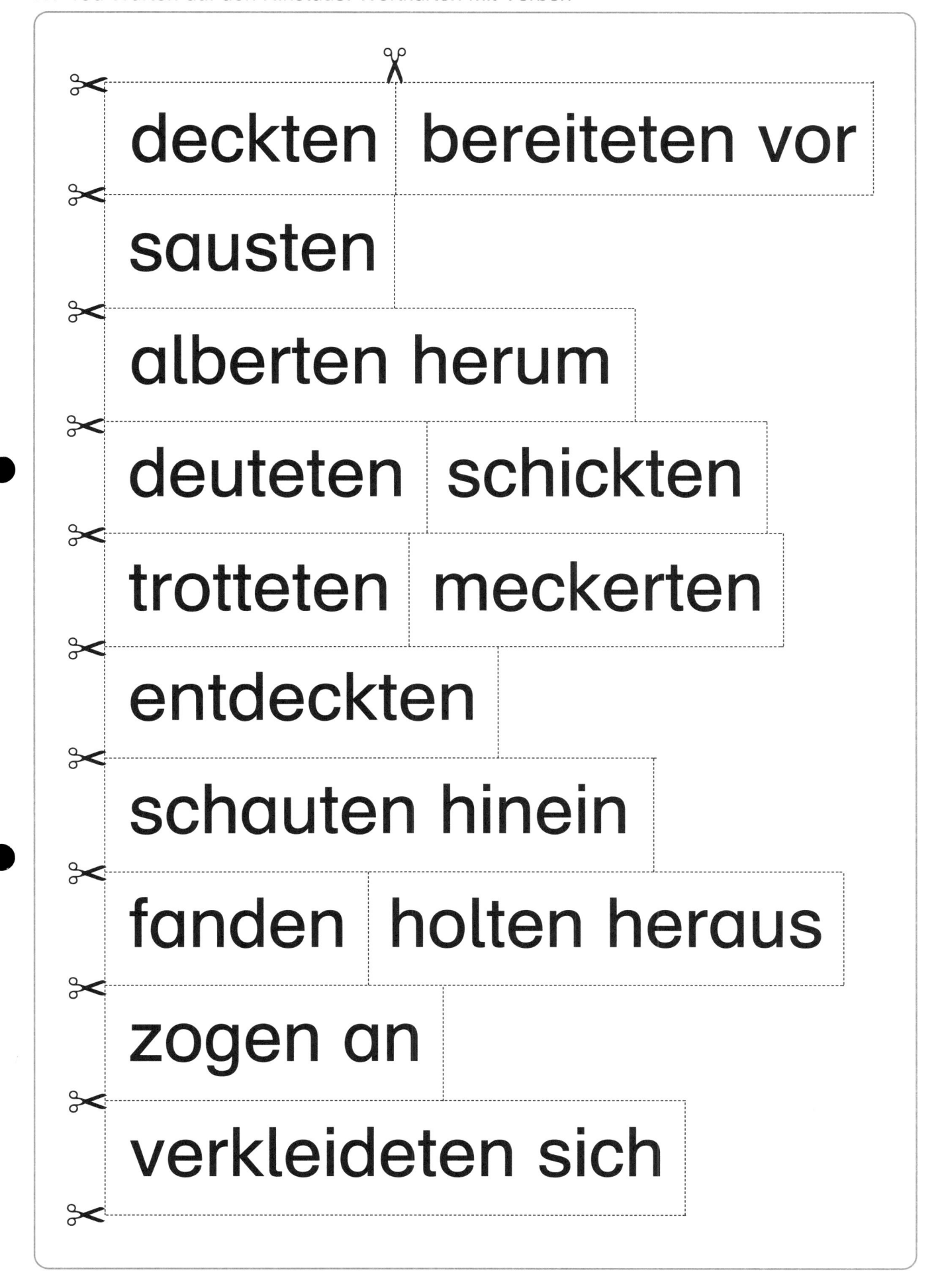

KV 19a Warten auf den Nikolaus: Wortkarten mit Verben

deckten | bereiteten vor

sausten

alberten herum

deuteten | schickten

trotteten | meckerten

entdeckten

schauten hinein

fanden | holten heraus

zogen an

verkleideten sich

| nahmen mit | traten ein |
| erschreckten | lasen vor |

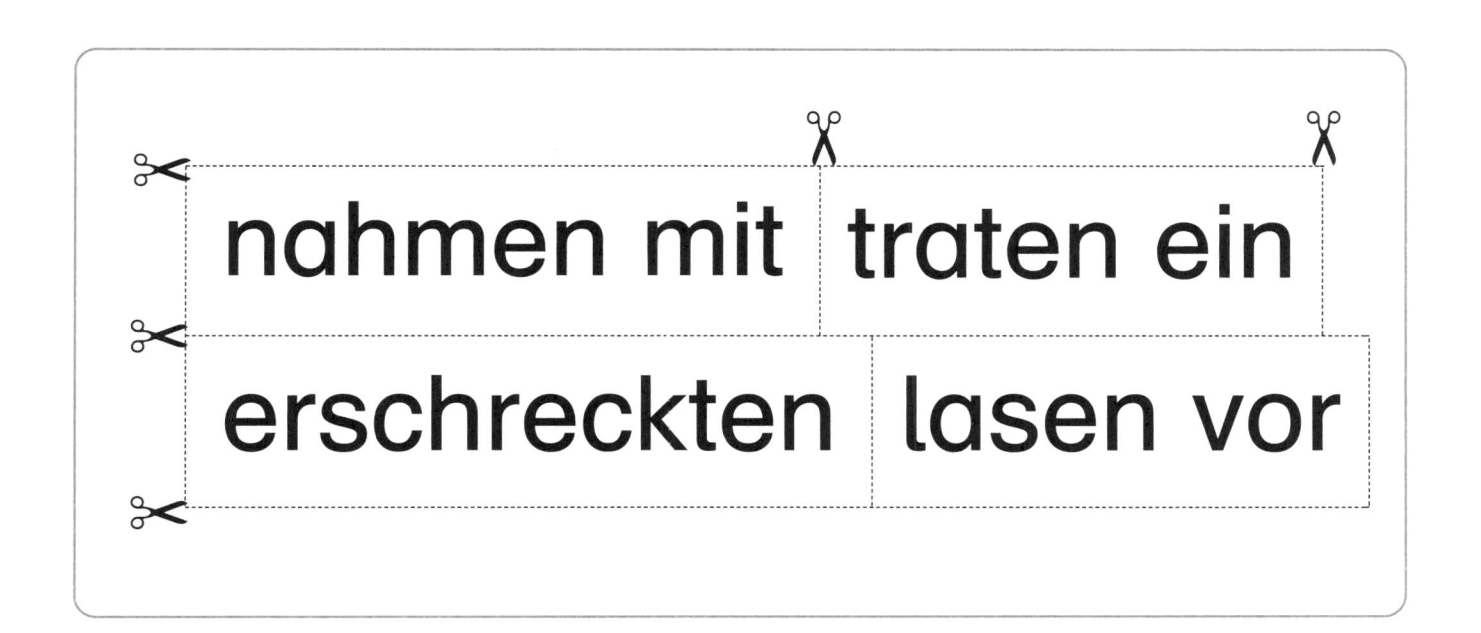

KV 19b Wortkarten mit Adjektiven

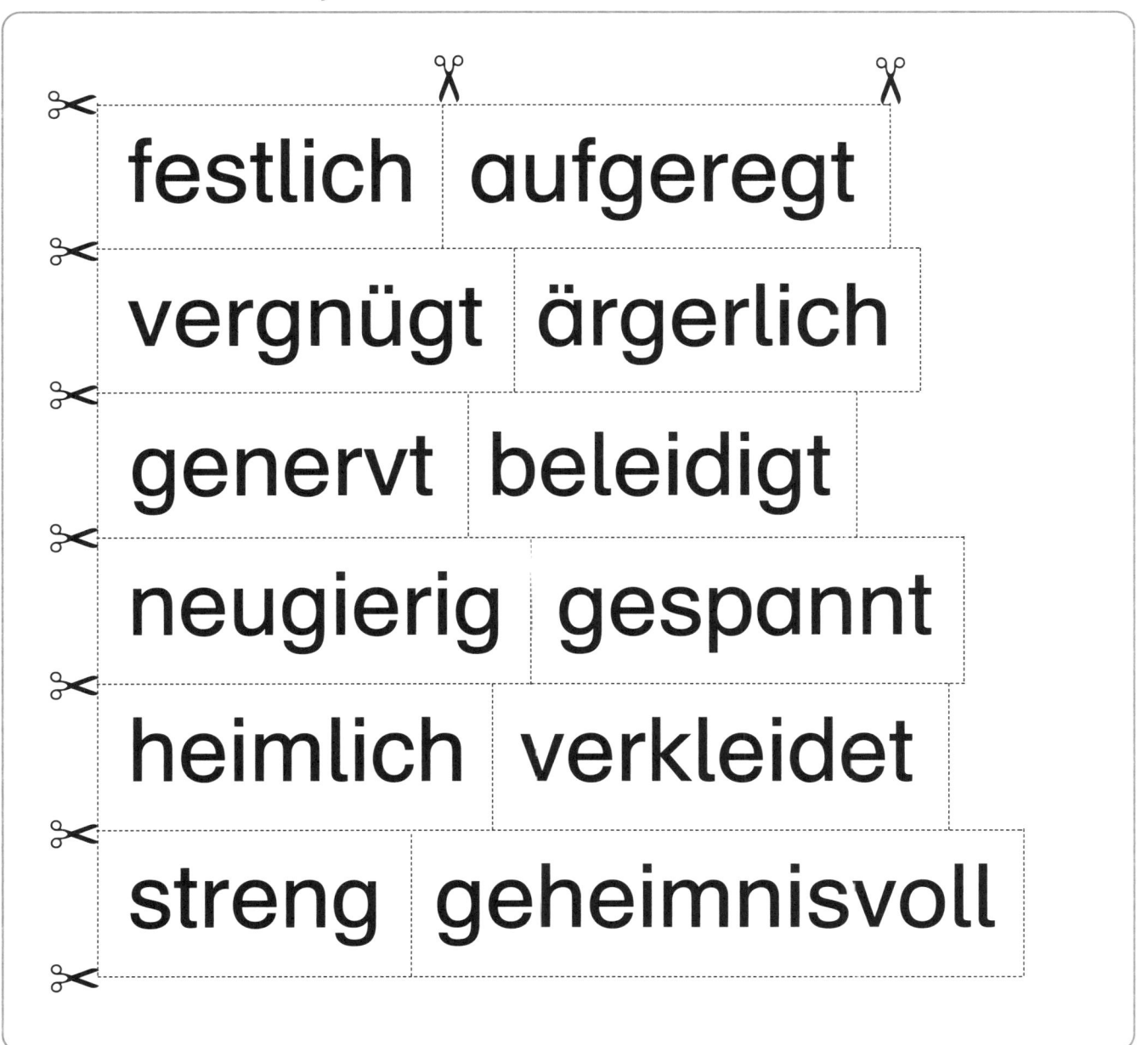

festlich	aufgeregt
vergnügt	ärgerlich
genervt	beleidigt
neugierig	gespannt
heimlich	verkleidet
streng	geheimnisvoll

KV 20 Warten auf den Nikolaus: Satzstreifen

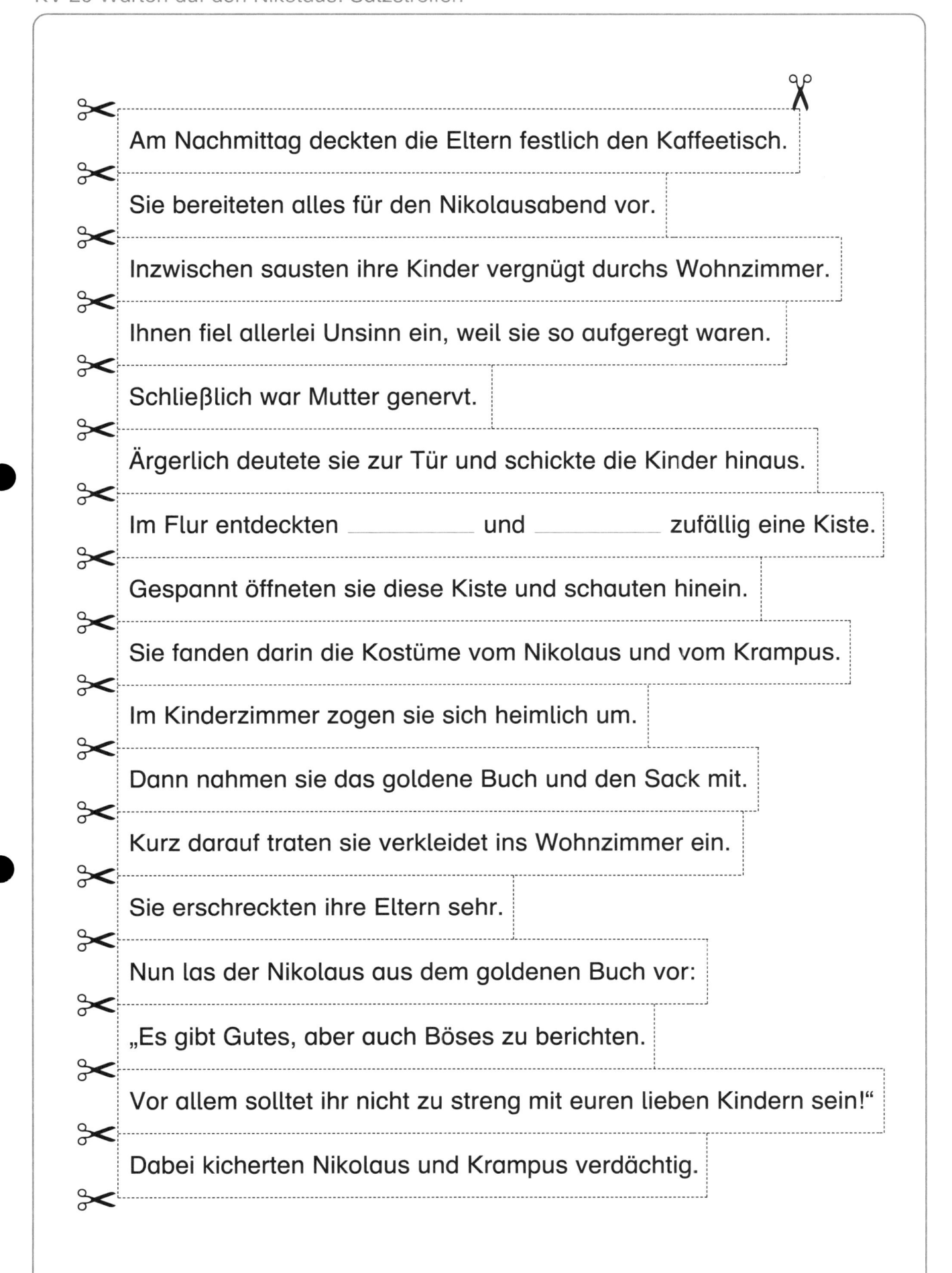

Am Nachmittag deckten die Eltern festlich den Kaffeetisch.

Sie bereiteten alles für den Nikolausabend vor.

Inzwischen sausten ihre Kinder vergnügt durchs Wohnzimmer.

Ihnen fiel allerlei Unsinn ein, weil sie so aufgeregt waren.

Schließlich war Mutter genervt.

Ärgerlich deutete sie zur Tür und schickte die Kinder hinaus.

Im Flur entdeckten _____ und _____ zufällig eine Kiste.

Gespannt öffneten sie diese Kiste und schauten hinein.

Sie fanden darin die Kostüme vom Nikolaus und vom Krampus.

Im Kinderzimmer zogen sie sich heimlich um.

Dann nahmen sie das goldene Buch und den Sack mit.

Kurz darauf traten sie verkleidet ins Wohnzimmer ein.

Sie erschreckten ihre Eltern sehr.

Nun las der Nikolaus aus dem goldenen Buch vor:

„Es gibt Gutes, aber auch Böses zu berichten.

Vor allem solltet ihr nicht zu streng mit euren lieben Kindern sein!"

Dabei kicherten Nikolaus und Krampus verdächtig.

Das Weihnachtsfest
(Schwerpunkte: Verben, Adjektive)

Hinweise zum Stundenverlauf

Medien: Bildkarte mit Vögeln, Tafelzeichnung Schneeflocken, fünf Tafelbilder zur Geschichte, Bildkarte mit zwei Sprechblasen, Bildkarte mit Vogelfutter, KV 21 (Verben und Adjektive), KV 22 (Text zu den ersten zwei Bildern), Checkliste mit Schreibtipps

1. Einstimmung
Die Lehrerin heftet die Bildkarte mit Vögeln an die Tafel.
Die Schüler erzählen dazu.
Die Lehrerin zeichnet um das Bild Schneeflocken an die Tafel.
Die Schüler erzählen dazu.

2. Schreibziel
Lehrerin: Aber diese Vögel erlebten eine Überraschung!

3. Schreibplanung
Das Bildmaterial wird im Folgenden sukzessive präsentiert:
Die Lehrerin heftet Bild 2 an die Tafel.
Lehrerin: Die Vögel sahen vom Garten zum Fenster hinein.
Die Schüler vermuten.
Die Lehrerin heftet Bild 1 an die Tafel.
Die Schüler beschreiben.
Die Lehrerin heftet Bild 3 an die Tafel.
Die Schüler beschreiben.
Die Lehrerin heftet zu dem Sohn eine Sprechblase in das Bild 3.
Die Schüler machen Vorschläge, was der Sohn sagen könnte.
Die Lehrerin heftet zu dem Vater eine Sprechblase in das Bild 3.
Die Schüler machen Vorschläge, was der Vater sprechen könnte. Die Lehrerin entrollt Bild 4 so, dass zuerst der Baum zu sehen ist.
Die Schüler beschreiben.
Die Lehrerin heftet Bild 5 an die Tafel.
Lehrerin: Die Familie hängte nun die Geschenke für die Vögel an den Weihnachtsbaum. Du kannst helfen!
Die Schüler heften Bildkarten mit Vogelfutter an den Weihnachtsbaum.

4. Textentwurf
Differenzierung 1: Die Schüler schreiben in Einzelarbeit.
Differenzierung 2: Die Schüler erarbeiten Gestaltungshilfen in arbeitsteiliger Gruppenarbeit (fünf Gruppen).
Die Schüler bekommen ein Arbeitsblatt mit Verben und Adjektiven (KV 21), umkreisen passende Wörter für ihr Bild und nennen sie laut.
Die Lehrerin fixiert die Wörter jeweils an der Tafel.
Die Schüler schreiben ihren Entwurf in Einzelarbeit.
Differenzierung 3: Die Schüler erlesen den zu Bild 1 und 2 vorgegebenen Text (KV 22) mit der Lehrerin, formulieren dann mündlich in der Kleingruppe zu den Bildern 3, 4 und 5 die Sätze. Anschließend schreiben die Schüler die Sätze zu diesen Bildern in Einzelarbeit.

5. Präsentation des Erstentwurfes
Schüler, die den Entwurf beendet haben, suchen sich einen Partner. Sie lesen sich jeweils ihren Entwurf vor und kreuzen auf der Checkliste ihre Meinung an.

6. Überarbeitung des Erstentwurfes
Die Schüler überarbeiten ihren Entwurf im Hinblick auf die Vorschläge des Partners.
Im Folgenden korrigiert die Lehrerin den überarbeiteten Entwurf.

7. Präsentation der Endversion
Es folgt die Ausstellung der Reinschriften an den Klassenfenstern. Die Schüler kleben weiße Schneesterne darum.

Das Weihnachtsfest: Fünf Tafelbilder und drei Bildkarten

Bild 1

Bild 2

Bild 3

Bild 4

Bild 5

Bildkarte

Bildkarte

Bildkarte

KV 21 Das Weihnachtsfest: Gruppenarbeit: Zuordnung von Verben und Adjektiven zu Bildern

Kreise zu eurem Gruppenbild jeweils zwei passende Wörter ein:

a) Verben/Tunwörter

zeigen   schneien   behängen   jubeln

schauen hinein   beschließen   packen aus

tragen hinaus   entdecken   sich freuen

b) Adjektive/Wiewörter

hungrig   gemeinsam   neugierig   aufgeregt

zufällig   zufrieden   miteinander   mitleidig

begeistert   kurz entschlossen

KV 22 Textanfang zur Differenzierung 3

_____

Es ist Weihnachtsabend. Die Familie beginnt mit der Bescherung.

_____ und _____ haben neben dem Weihnachtsbaum im Wohnzimmer Platz genommen. Aufgeregt packen sie ihre bunten Geschenke aus und jubeln begeistert. Draußen schneit es heftig. Einige Vögel sitzen hungrig vor dem Fenster. Neugierig schauen sie ins Wohnzimmer.

Zufällig entdeckt _____ die armen Vögel und zeigt sie Vater.

Mitleidig ruft _____: „Wie traurig sie schauen! Sie haben sicher Hunger!" „Ich habe eine Idee", erklärt Vater.

(... und nun schreibe die Geschichte weiter!)

Mäusealarm
(Schwerpunkt: Wörtliche Rede)

Hinweise zum Stundenverlauf

Medien: Bildkarten mit Maus und Katze, sechs Tafelbilder zur Geschichte (Bild sechs geteilt in zwei Hälften), KV 23–28 (sechs Blätter mit arbeitsteiligen Aufträgen für die Gruppen), Bildkarte mit weißen Sprechblasen (s. S. 35), KV 29 (Anfang der Geschichte)

1. Einstimmung
Die Lehrerin hängt an die linke Tafelseite das Bild mit einer laufenden Maus.
Die Kinder erzählen dazu.
Dann heftet sie die Bildkarte mit einer sitzenden Katze dazu.
Die Kinder vermuten, was geschehen könnte.

2. Schreibziel
Lehrerin: In der Geschichte ist Mäusealarm.
Die Lehrerin schreibt das Wort Mäusealarm an die Tafel.
Lehrerin: Was genau geschehen ist, verraten dir einige Bilder.

3. Schreibplanung
Die Lehrerin präsentiert das erste Bild.
Die Kinder betrachten das Bild.
Die Lehrerin schreibt die bekannten Einleitungsfragen darüber: Wer? Wo? Was? Wann?
Die Kinder erzählen zum Bild, stellen Vermutungen an und die Lehrerin notiert Stichpunkte.
Die Lehrerin zeigt im Folgenden Bild 2 und 3.
Die Kinder beschreiben jeweils den Bildinhalt.
Die Lehrerin hängt Bild 4 auf.
Die Kinder erkennen, dass der Junge und das Mädchen die Maus suchen.
Die Lehrerin heftet das Katzenbild in das Bild.
Die Kinder äußern Befürchtungen.
Die Lehrerin zeigt nun das Bild 5.
Die Kinder erzählen dazu.

Die Lehrerin zeigt von Bild 6 die linke Hälfte.
Die Kinder vermuten, wovor sich die Mutter erschreckt.
Die Lehrerin ergänzt die rechte Hälfte von Bild 6.
Die Kinder erklären nun den Grund für Mutters Schreck.

4. Textentwurf
Differenzierung 1: Die Kinder schreiben ihre Geschichte in Einzelarbeit.
Differenzierung 2: Die Kinder erhalten in der Gruppe je ein Blatt mit arbeitsteiligen Aufträgen (KV 23–28) und schreiben die Ergebnisse auf. Bei der Zusammenschau notiert die Lehrerin Stichpunkte an der Tafel bzw. heftet Sprechblasen in die Bilder. Die Kinder schreiben nun mit den gesammelten Gestaltungshilfen ihre Geschichten.
Differenzierung 3: Die Lehrerin liest den Lückentext mit dem Anfang der Geschichte vor (KV 29). Die Kinder formulieren weiter in der Kleingruppe. Nun kleben sie das Blatt mit dem Anfang der Geschichte ein und schreiben diese weiter.

5. Präsentation des Erstentwurfes
Sobald ein Kind mit seiner Geschichte fertig ist, sucht es sich einen oder mehrere Partner. Sie tauschen ihre Geschichten aus, lesen sie und kreuzen auf der Checkliste an, welche Punkte verbessert werden könnten.

6. Überarbeitung des Erstentwurfes
Die Kinder lesen die Verbesserungsvorschläge ihres Mitschülers und verbessern diesbezüglich ihren Entwurf.
Jetzt erst erfolgt die Korrektur durch die Lehrerin.

7. Präsentation der Endversion
Die Reinschriften liegen jeweils am Platz der Kinder aus. Innerhalb von zehn Minuten wandern die Kinder nach Belieben zu den Geschichten ihrer Mitschüler und lesen sie. (Geschichtenlauf)

Mäusealarm: Sechs Tafelbilder und zwei Bildkarten

Bild 1

Bild 2

Bild 3

Bild 4

Bild 5

Bild 6

Bildkarte

Bildkarte

© Oldenbourg Schulbuchverlag GmbH, OKV 141, Bildergeschichten für die Grundschule

KV 23 Mäusealarm: Redesätze formulieren

1. Schreibt zu dem Begleitsatz einen passenden Redesatz mit den Satzzeichen. Notiert dahinter die Nummer des passenden Bildes.

Begeistert lächelte sie die Maus an: _____

_____ (Bild   )

Ihr Bruder stimmte ihr zu: _____

_____ (Bild   )

KV 24 Redesätze formulieren

2. Schreibt zu dem Begleitsatz einen passenden Redesatz mit den Satzzeichen. Notiert dahinter die Nummer des passenden Bildes.

Erschrocken rief sie ihrem Bruder zu: _____

_____ (Bild   )

Ihr Bruder schlug vor: _____

_____ (Bild   )

KV 25 Redesätze formulieren

3. Schreibt zu dem Begleitsatz einen passenden Redesatz mit den Satzzeichen. Notiert dahinter die Nummer des passenden Bildes.

Dort entdeckten sie die Katze und befürchteten: _____

_____ (Bild   )

Energisch schimpfte er die Katze: _____

_____ (Bild   )

KV 26 Mäusealarm: Redesätze formulieren

4. Schreibt zu dem Begleitsatz einen passenden Redesatz mit den Satzzeichen. Notiert dahinter die Nummer des passenden Bildes.

Seine Schwester drohte der Katze: _____

_____ (Bild   )

Entsetzt schrie Mutter auf: _____

_____ (Bild   )

KV 27 Bildnummern zu Satzbausteinen ergänzen

5. Schreibt hinter jeden Satzbaustein die Nummer des passenden Bildes.

- stand ein Käfig ○
- öffnete den Käfig ○
- sprang von der Hand ○
- fand in der Obstschale ○
- beobachtete die beiden ○

- entdeckten die Katze ○
- knabberte genussvoll ○
- streckte den Finger ○
- saß ahnungslos ○
- blickten erschrocken ○

KV 28 Bildnummern zu Satzbausteinen ergänzen

6. Schreibt hinter jeden Satzbaustein die Nummer des passenden Bildes.

- schimpften sie ärgerlich ○
- verschwand plötzlich ○
- setzte die Maus ○
- betrachteten die Maus ○
- schrie entsetzt auf ○

- packte die Katze ○
- suchten verzweifelt ○
- streichelte das Tierchen ○
- drohte ihr energisch ○
- ließ sich nicht stören ○

KV 29 Anfang der Geschichte zur Differenzierung 3

_____

_____ und _____ knieten am Nachmittag im Kinderzimmer auf dem Boden. Dort stand der Käfig mit ihrer Maus. Sie hatten sie endlich vor Kurzem zum Geburtstag bekommen. Begeistert betrachteten beide das putzige Tierchen. Vorsichtig streckte _____ ihren Finger in den Käfig. Etwas später öffnete sie den Käfig und setzte das Mäuschen auf ihre Hand …

(… und nun schreibe die Geschichte weiter!)

Der bestohlene Schneemann
(Schwerpunkte: Verben, Adjektive)

Hinweise zum Stundenverlauf

Medien: Tafelanschrift, reale Gegenstände: Topf, Karotte, Besen, einige Steine, vier Tafelbilder zur Geschichte, KV 30 (Wortkarten), KV 31 (Folie mit Leitfragen), KV 32 (Lückentext), Checkliste mit Schreibtipps

1. Einstimmung
Die Lehrerin zeigt verschiedene Gegenstände: Topf, Karotte, Steine, Besen.
Die Kinder vermuten: Kinder haben einen Schneemann gebaut.

2. Schreibziel
Lehrerin: Diesem Schneemann ist etwas Seltsames passiert. Einige Bilder helfen dir, die Geschichte zu erzählen.

3. Schreibplanung
Im Folgenden werden die Bilder nacheinander gezeigt.
Die Lehrerin heftet Bild 1 an die Tafel.
Die Kinder vermuten.
Die Lehrerin heftet bekannte Fragen zur Einleitung an die Tafel: Wer? Wo? Was? Wann? (KV 30: Wortkarten).
Die Lehrerin fixiert die Vorschläge der Kinder stichpunktartig an der Tafel unter dem ersten Bild.
Die Lehrerin hängt Bild 2 und anschließend Bild 3 an die Tafel.
Die Kinder erzählen und vermuten den Fortgang der Geschichte.
Die Lehrerin ergänzt Bild 4 an der Tafel.
Die Schüler beschreiben den Bildinhalt.

4. Textentwurf
Differenzierung 1: Die Kinder setzen sich an einen der hinteren Gruppentische und schreiben in Einzelarbeit.
Differenzierung 2: Die Kinder erarbeiten anhand einer Folie mit Leitfragen zu den Bildern (KV 31) zwei bis vier Gestaltungshilfen (Nomen, Verben, Adjektive).
Die Lehrerin schreibt die Vorschläge der Kinder unter das jeweilige Bild.
Die Kinder schreiben in Einzelarbeit.
Differenzierung 3: Die Kinder erhalten ein Arbeitsblatt (KV 32). Darauf sind auf der linken Seite die Bilder untereinander abgebildet. Neben den Bildern 1 bis 3 ist jeweils ein Lückentext abgedruckt, in den die Kinder passende Wörter einsetzen. Neben dem vierten Bild befinden sich Zeilen, damit die Kinder dort selbstständig Sätze formulieren können.

5. Präsentation des Erstentwurfes
Die Kinder suchen sich einen Partner, lesen dessen Geschichte und überprüfen mithilfe der Checkliste, was noch verbessert werden kann.

6. Überarbeitung des Erstentwurfes
Die Schüler überarbeiten ihren Entwurf im Hinblick auf die Vorschläge des Partners. Die Lehrerin korrigiert dann den Entwurf.

7. Präsentation der Endversion
Die Reinschriften werden im Klassenzimmer an einer Geschichtenleine ausgestellt.

Der bestohlene Schneemann: Vier Tafelbilder

Bild 1

Bild 2

Bild 3

Bild 4

KV 30 Der bestohlene Schneemann: Wortkarten mit Fragewörtern

Wer? | Wo? | Was? | Wann?

KV 31 Leitfragen zum Text

Sieh dir die Bilder genau an:

a) Wen oder was erkennst du? (Nomen/Namenwörter)
b) Was geschieht alles auf dem Bild? (Verben/Tunwörter)
c) Wie geschieht es? (Adjektive/Wiewörter)

KV 32 Lückentext zur Differenzierung 3

Schreibe in die Lücken passende Wörter.

Es ist ein _____ Wintertag. Im Garten rollen Sebastian und Nina _____ Schneekugeln. Im Hintergrund beobachtet sie ein Hase _____ .

Der Mund des Schneemanns besteht aus _____ Steinen. Sebastian setzt ihm noch einen _____ Hut auf den Kopf. Eine _____ Karotte steckt ihm Nina als Nase noch _____ ins Gesicht. In einer Hand hält er einen _____ Besen.

_____ laufen die beiden Kinder ins Haus, um Mutter den _____ Schneemann zu zeigen. Inzwischen hoppelt der Hase _____ zum Schneemann. Er klettert _____ an ihm hoch und schnappt sich die _____ Karotte.

_____
_____
_____
_____

© Oldenbourg Schulbuchverlag GmbH, OKV 141, Bildergeschichten für die Grundschule

Die lästigen Hausaufgaben
(Schwerpunkte: Verben, Adjektive)

Hinweise zum Stundenverlauf

Medien: sechs Tafelbilder zur Geschichte, KV 33 (Folie mit Verben und Adjektiven), Checkliste mit Schreibtipps

1. Einstimmung
Die Klasse sitzt im Halbkreis vor der Tafel.
Die Lehrerin heftet das Tafelbild 1 an die Tafel.
Die Klasse erzählt dazu.
Lehrerin: Der Junge scheint Probleme zu haben.
Die Klasse vermutet.

2. Schreibziel
Lehrerin: Ob der Junge eine Lösung für seine lästigen Hausaufgaben findet, verraten dir die weiteren Bilder.

3. Schreibplanung
Die Bilder werden nach und nach an die Tafel geheftet.
Die Lehrerin hängt Bild 2 an die Tafel.
Lehrerin: Der Junge wurde immer verzweifelter.
Die Schüler erklären.
Die Lehrerin fixiert Bild 3, dann Bild 5 an die Tafel.
Die Schüler erzählen dazu.
Lehrerin: Gleich am nächsten Tag hatte die Lehrerin die Hausaufgaben korrigiert, an denen Sebastian so verzweifelt war.
Die Lehrerin ergänzt Bild 6 an der Tafel.
Die Schüler wundern sich und vermuten.
Lehrerin: In unserer Geschichte gibt es noch eine Lücke.
Die Schüler vermuten und die Lehrerin verschiebt Bild 5 und 6 so an der Tafel, dass zu Bild 3 eine Lücke entsteht.
Die Lehrerin hängt als Bild 4 ein leeres Blatt auf.
Lehrerin: An dieser Stelle muss deine Fantasie ein Bild ergänzen.
Die Schüler machen Vorschläge.

4. Textentwurf
Differenzierung 1: Die Schüler gehen an ihren Platz zurück und schreiben in Einzelarbeit.
Differenzierung 2: Die Lehrerin legt eine Folie mit mehreren Verb/Adjektiv-Kombinationen (KV 33) auf. Die Schüler besprechen mit dem Partner, welche Wörter zu welchem Bild passen, und finden ggf. auch eigene Vorschläge. Bei der Zusammenschau notiert die Lehrerin das Wortmaterial unter den jeweiligen Bildern.
Dann schreiben die Schüler ihre Geschichten in Einzelarbeit.
Differenzierung 3: In der Kleingruppe formuliert ein Kind den ersten Satz. Alle Kinder schreiben den Satz nieder. Dann bildet das nächste Kind einen Satz und alle notieren ihn usw. Die Lehrerin kann dieser Gruppe beratend zur Seite stehen.

5. Präsentation des Erstentwurfes
Die Schüler setzen sich in Kleingruppen zusammen, lesen sich nacheinander die Entwürfe vor und machen ggf. Verbesserungsvorschläge, wobei sie sich an der ihnen bekannten Checkliste orientieren können.

6. Überarbeitung des Erstentwurfes
Die Schüler überarbeiten ihre Texte, dabei können sie die Anregungen der Gruppe mit einbeziehen. Die Lehrerin korrigiert anschließend den Erstentwurf.

7. Präsentation der Endversion
Die Schüler schreiben die Reinschrift und malen darunter ein Bild/mehrere Bilder ihrer Wahl.

Die lästigen Hausaufgaben: Sechs Tafelbilder

Bild 1

Bild 2

Bild 3

Bild 4

Bild 5

Bild 6

Sehr fleißig!
Mache weiter so!

KV 33 Die lästigen Hausaufgaben: Folie mit Verb/Adjektiv-Kombinationen

> Überlege mit deinem Partner, zu welchem Bild die Begriffe besonders gut passen.
> Ihr könnt auch eigene Verben/Tunwörter und Adjektive/Wiewörter finden.
>
> spielte fröhlich   schaute erleichtert zu
>
> vergnügten sich bei   saß genervt   weinte hilflos
>
> ging verwundert zu   spielten gemeinsam
>
> versuchte verzweifelt   schrieb fleißig   jammerte
>
> packte zufrieden zusammen

Das hungrige Pferd
(Schwerpunkt: Wörtliche Rede)

Hinweise zum Stundenverlauf

Medien: fünf Tafelbilder, KV 35 (Adjektive), KV 36 (Wörtliche Rede), Karten mit lachendem Gesicht und unzufriedenem Gesicht, Sprechblasen, KV 34 (Wortkarte: Plötzlich …), Checkliste mit Schreibtipps

1. Einstimmung
Die Lehrerin hängt Bild 4 an die Tafel.
Die Klasse vermutet, was die Apfel-Karotten-Spur zu bedeuten hat.

2. Schreibziel
Lehrerin: Diese seltsame Spur hat etwas mit einem störrischen Pferd zu tun.

3. Schreibplanung
Die Lehrerin präsentiert sukzessive die Bilder 1, 2 und 3 an der Tafel.
Die Schüler erzählen zu den Bildern.
Lehrerin: Sicher ahnst du schon, wer die Spur gelegt hat …. und wozu.
Die Schüler vermuten.
Die Lehrerin zeigt Bild 5.
Die Schüler beschreiben den Bildinhalt.

4. Textentwurf
Differenzierung 1: Die Schüler schreiben nach der mündlichen Besprechung ihre Geschichte.
Differenzierung 2: Die Kinder erhalten partnerweise ein Arbeitsblatt mit Gruppenaufträgen zu Adjektiven (KV 35) und zur wörtlichen Rede (KV 36). Die Schüler bearbeiten die Aufgaben und tragen danach im Plenum ihre Lösungen vor.
Die Lehrerin heftet zwei Bildkarten mit unterschiedlichen Gesichtern an die Tafel und notiert dazu jeweils die passenden Adjektive.
Die Lehrerin heftet Sprechblasen an die Bilder.
Die Schüler stellen dazu jeweils den passenden Begleit- und Redesatz vor.

Lehrerin: An einer Stelle wendete sich plötzlich die Geschichte.
Die Schüler deuten an der Tafel zwischen das dritte und vierte Bild.
Die Lehrerin heftet dort eine Wortkarte an: Plötzlich … (KV 34). Die Schüler überlegen sich dazu einige Sätze mit dem Partner.
Nun schreiben die Schüler ihre Geschichte in Einzelarbeit.
Differenzierung 3: Die Schüler sitzen in einer Kleingruppe. Sie formulieren gemeinsam die Sätze zu Bild 1. Ein Schüler schreibt mit. Dann bilden sie die Sätze zu Bild 2. Der nächste Schüler schreibt auf das Gemeinschaftsblatt usw. Die Lehrerin gibt, wenn nötig, Hilfestellungen. Später kopiert sie das gemeinsame Blatt für alle Kinder dieser Gruppe.

5. Präsentation des Erstentwurfes
Kinder, die ihre Geschichte beendet haben, suchen sich einen Partner oder eine Kleingruppe. Die Geschichten werden ausgetauscht. Anhand der Checkliste markieren die Schüler, was noch verbessert werden könnte.

6. Überarbeitung des Erstentwurfes
Die Schüler bearbeiten noch einmal ihren Entwurf. Die Tipps ihrer Mitschüler sind für sie Anhaltspunkte.
Dann korrigiert die Lehrerin die Entwürfe mit den bekannten Korrekturzeichen.

7. Präsentation der Endversion
Einige besonders gelungene Geschichten werden auf Kassette aufgenommen. Dabei wird der Text zu einem Bild jeweils von einem anderen Schüler gelesen. Zum Schluss werden die aufgenommenen Geschichten gemeinsam angehört.

Das hungrige Pferd: Fünf Tafelbilder und vier Bildkarten

Bild 1

Bild 2

Bild 3

Bild 4

Bild 5

Bildkarten

Bildkarten

© Oldenbourg Schulbuchverlag GmbH, OKV 141, Bildergeschichten für die Grundschule

KV 34 Das hungrige Pferd: Wortkarte

Plötzlich ...

KV 35 Adjektive nach Stimmungen ordnen

Ordnet die folgenden Adjektive/Wiewörter richtig zu.

enttäuscht glücklich faul bequem ärgerlich fröhlich hungrig zufrieden sauer gemütlich hilflos erleichtert starr erfreut bewegungslos ratlos lustlos begeistert ungeduldig

☺ _____

☹ _____

🐴 _____

KV 36 Wörtliche Rede ergänzen

Ergänzt zu dem Begleitsatz die wörtliche Rede.

Das Mädchen jubelte glücklich: _____

Sie jammerte ratlos: _____

Ihr Bruder schimpfte ungeduldig das Pferd: _____

Das Mädchen redete dem sturen Pferd gut zu: _____

Sie freute sich: _____

Der Junge wunderte sich: _____

Mutter schmunzelte zufrieden: _____

Ein wunderbarer Traum
(Schwerpunkte: Verben, Adjektive)

Hinweise zum Stundenverlauf

Medien: Bildkarte mit einer Fee, vier Tafelbilder zur Geschichte (das zweite Tafelbild unterteilt in drei Teile), KV 37 (Aufgaben für die Partnerarbeit), KV 38 (Stichpunkte), Checkliste mit Schreibtipps

1. Einstimmung
Die Lehrerin zeigt an der linken Tafel das Bild einer Fee.
Die Schüler beschreiben und vermuten.

2. Schreibziel
Lehrerin: Die Fee ist diesem kleinen Jungen begegnet.

3. Schreibplanung
Die Lehrerin hängt Bild 1 an die Tafel.
Lehrerin: Zuerst brauchen wir einige Informationen.
Die Lehrerin notiert unter dem Bild die bekannten Einleitungsfragen: Wer? Wo? Was? Wann?
Die Schüler beraten in der Gruppe und stellen ihre Ideen der Klasse vor.
Die Lehrerin hängt im Folgenden sukzessive das dreigeteilte Bild 2 an die Tafel: Bildteil links (der Junge mit einer Krone auf dem Kopf schläft im Bett), Bildteil Mitte (die Fee), Bildteil rechts (ein Berg von Geschenken neben dem Bett).
Die Klasse erzählt jeweils dazu und vermutet den weiteren Verlauf.
Die Lehrerin präsentiert an der Tafel Bild 3.
Die Schüler beschreiben den Bildinhalt und fühlen sich in den Jungen ein.
Lehrerin: Gerade war der Junge noch so enttäuscht und nun strahlt er schon wieder.
Die Lehrerin hängt Bild 4 an die Tafel.
Die Schüler erzählen zum Bild, erkennen das Geschenk aus dem Traum wieder und stellen Vermutungen an.

4. Textentwurf
Differenzierung 1: Die Schüler schreiben ihre Geschichte in Einzelarbeit.
Differenzierung 2: Die Schüler erhalten mit ihrem Partner ein Arbeitsblatt mit Arbeitsaufträgen (KV 37). Die Partner bearbeiten das Blatt. Bei der Zusammenschau notiert die Lehrerin unter den Bildern jeweils die passenden Textbausteine.
Nun beginnen die Kinder in Einzelarbeit ihre Geschichte zu schreiben.
Differenzierung 3: Die Schüler erhalten ein Arbeitsblatt (KV 38), auf dem die Stichpunkte in der richtigen Reihenfolge aufgelistet sind. Sie formulieren daraus vollständige Sätze und schreiben diese nieder.

5. Präsentation des Erstentwurfes
Schüler, die mit ihrer Geschichte fertig sind, suchen sich einen Partner oder eine Kleingruppe. Sie lesen die Geschichte eines anderen, wobei sie die Checkliste neben sich liegen haben. Sie kreuzen anhand der Symbole Verbesserungspunkte an und geben dem Anderen in einer kurzen Konferenz Tipps.

6. Überarbeitung des Erstentwurfes
Die Schüler nehmen daraufhin in ihrem Text Verbesserungen vor.
Die Lehrerin korrigiert dann die Entwürfe der Schüler.

7. Präsentation der Endversion
Die Schüler erstellen die Reinschrift ihrer Geschichte. Die Lehrerin verteilt willkürlich die Geschichtenhefte bzw. Geschichtenblätter. Jeder Schüler liest die Geschichte vor, die er erhalten hat.

Ein wunderbarer Traum: Vier Tafelbilder und eine Bildkarte

Bild 1

Bild 2

Bild 3

Bild 4

Bildkarte

KV 37 Ein wunderbarer Traum: Partnerarbeit mit Textbausteinen

Lies mit deinem Partner folgende Stichpunkte und schreibt davor die passende Bildnummer.
Kreist nun die Verben/Tunwörter rot und Adjektive/Wiewörter grün ein.

- … war völlig versunken in seine Geschichte …
- … träumte lebhaft von einer Fee …
- … blickte verwirrt um sich …
- … lag ein wunderschönes Päckchen …
- … entdeckte Berge von Geschenken …
- … trug eine glänzende Krone …
- … fand alles unverändert …
- … saß freudig am Frühstückstisch …
- … schlief tief und fest …
- … ließ müde sein Buch fallen …
- … war schrecklich enttäuscht …
- … rief ihn mit zarter Stimme …
- … lag gemütlich in seinem Bett …
- … weckte ihn vorsichtig …
- … las ein spannendes Buch …
- … strahlte glücklich …
- … wachte langsam auf …
- … freute sich riesig …

KV 38 Differenzierung 3 mit Textbausteinen in der richtigen Reihenfolge

- … lag gemütlich in seinem Bett …
- … las ein spannendes Buch …
- … war völlig versunken in seine Geschichte …
- … ließ müde sein Buch fallen …
- … schlief tief und fest …
- … träumte lebhaft von einer Fee …
- … rief ihn mit zarter Stimme …
- … entdeckte Berge von Geschenken …
- … trug eine glänzende Krone …
- … freute sich riesig …
- … weckte ihn vorsichtig …
- … wachte langsam auf …
- … blickte verwirrt um sich …
- … war schrecklich enttäuscht …
- … fand alles unverändert …
- … saß freudig am Frühstückstisch …
- … lag ein wunderschönes Päckchen …
- … strahlte glücklich …

Familienfilm mit Unterbrechung
(Schwerpunkte: Eine passende Einleitung finden, Verben, Adjektive)

Hinweise zum Stundenverlauf

Medien: Bildkarte mit großem Fernsehbildschirm, fünf Bilder zur Geschichte, KV 39 – 41 (zur arbeitsteiligen Gruppenarbeit mit Einleitung, Verben, Adjektiven)

1. Einstimmung
Die Lehrerin hängt das Bild eines Fernsehbildschirms an die Tafel. Darauf erkennt man eine Indianerszene.
Die Klasse erzählt, was ihr dazu bekannt ist.

2. Schreibziel
Lehrerin: Viele Leute sehen gerne Indianerfilme.

3. Schreibplanung
Die Lehrerin zeigt zunächst Bild 1 an der Tafel.
Die Schüler beschreiben den Bildinhalt.
Die Lehrerin zeigt von Bild 2 die rechte Hälfte, auf der die verärgerten Eltern zu sehen sind.
Die Schüler erzählen und vermuten.
Die Lehrerin hängt die linke Bildhälfte mit den Kindern dazu.
Lehrerin: Die Kinder waren nicht gerade begeistert.
Die Schüler fühlen sich in die Kinder ein.
Die Lehrerin präsentiert das dritte Bild.
Die Schüler erzählen dazu.
Die Lehrerin heftet das vierte Bild an; es fehlt auf der rechten Seite ein Teil (es zeigt, wie die Kinder wieder ins Zimmer schleichen).
Die Schüler stellen Vermutungen an.
Die Lehrerin ergänzt das fehlende Segment.
Die Schüler beschreiben das Bild.
Lehrerin: Auweia! Ob das wohl Ärger gab?
Die Schüler überlegen, wie die Geschichte enden könnte.
Lehrerin: Nun erfährst du, wie der Fernsehabend endete.
Die Lehrerin hängt das fünfte Bild an die Tafel.

4. Textentwurf
Differenzierung 1: Die Schüler schreiben zu den besprochenen Bildern ihre Geschichte.
Differenzierung 2: Die Schüler bearbeiten gestalterische Arbeitsaufträge in arbeitsteiliger Gruppenarbeit. Sie erhalten dazu Arbeitsblätter (KV 39 – 41). Bei der Zusammenschau notiert die Lehrerin Stichpunkte an der Tafel. Nun schreiben die Kinder mithilfe dieser Gestaltungsvorschläge ihre Geschichte in Einzelarbeit.
Differenzierung 3: Die Schüler schreiben in der Kleingruppe ggf. mit Hilfe der Lehrerin einen Gruppenaufsatz.

5. Präsentation des Erstentwurfes
Die Schüler, welche ihre Arbeit beendet haben, suchen sich einen Partner, der ihre Geschichte liest und auf der Checkliste Punkte ankreuzt, die noch verbessert werden könnten.

6. Überarbeitung des Erstentwurfes
Die Schüler lesen die Checkliste und nehmen in ihrer Geschichte Verbesserungen vor.
Erst danach erfolgt die Korrektur durch die Lehrerin.

7. Präsentation der Endversion
Die Schüler schreiben die Reinschrift auf ein Linienblatt (evtl. mit dem Umriss eines Fernsehers). Die Geschichten werden an der Geschichtenwand oder an der Geschichtenleine ausgestellt.

Familienfilm mit Unterbrechung: Fünf Tafelbilder und eine Bildkarte

Bild 1

Bild 2

Bild 3

Bild 4

Bild 5

Bildkarte

KV 39 Familienfilm mit Unterbrechung: Einleitung zur Geschichte schreiben

Schaut Bild 1 genau an und schreibt dann die Einleitung zu der Geschichte.
(Wer? Wo? Was? Wann?)

KV 40 Weitere passende Verben finden

Findet für die unterstrichenen Wörter mindestens drei weitere passende Verben/Tunwörter.

– … <u>saßen</u> auf dem Sofa …

– … <u>schauten</u> den Film an …

– … <u>sagten</u> die Eltern / die Kinder …

– … <u>gingen in</u> das Wohnzimmer / <u>gingen</u> aus dem Wohnzimmer <u>hinaus</u> …

KV 41 Passende Adjektive einsetzen

Findet mindestens zwei Adjektive/Wiewörter, die man in die Lücken einsetzen könnte.

– saßen .... auf dem Sofa

– schauten .... den .... Film an

– sagten die Eltern .... / die Kinder ....

– gingen .... in das Wohnzimmer / gingen .... aus dem Wohnzimmer hinaus

In eisiger Not
(Schwerpunkt: Wörtliche Rede, Adjektive)

Hinweise zum Stundenverlauf

Medien: Tafelanschrift, sechs Tafelbilder zur Geschichte, KV 42 (Satzstreifen mit Begleitsätzen), KV 43 (Redesätze/Lückentext zur Differenzierung 3), Checkliste mit Schreibtipps

1. Einstimmung
Die Lehrerin schreibt an die linke Tafelseite „Im Winter …" und zeichnet links davon ein „Lachgesicht" an die Tafel.
Die Kinder beschreiben, was ihnen im Winter Freude bereitet.

2. Schreibziel
Lehrerin: Dass der Winter auch Gefahren bringt, kannst du gleich selbst sehen. Einige Bilder helfen dir dabei.

3. Schreibplanung
Die Lehrerin zeigt das erste Bild an der Tafel und schreibt darüber: Wer? Was? Wann? Wo?
Die Kinder erzählen zu dem Bild.
Die Lehrerin notiert Stichpunkte an der Tafel.
Lehrerin: Auf einmal war der Spaß vorbei.
Die Kinder vermuten, was passiert sein könnte.
Die Lehrerin hängt das zweite Bild an die Tafel.
Die Kinder erklären, was geschehen ist.
Lehrerin: Das Wasser war eiskalt. Deshalb musste das Mädchen ganz schnell gerettet werden.
Die Kinder machen Vorschläge zur Rettung.
Lehrerin: Auf alle Fälle sollte ihnen ein Erwachsener helfen. Die Rufe der Kinder hatten Erfolg.
Die Lehrerin präsentiert das dritte und das vierte Bild.
Die Kinder beschreiben, wie auf den Bildern die Rettung organisiert wird.
Lehrerin: Auf alle Fälle müssen die Retter genug Abstand zur Einbruchstelle einhalten.
Dieser Mann befolgte einen weiteren wichtigen Tipp.
Die Lehrerin zeigt an der Tafel Bild 5.
Die Kinder erkennen, dass es wichtig ist sich hinzulegen, um sein Gewicht auf eine größere Fläche zu verteilen.
Lehrerin: Auch die Kinder halfen bei der Rettung.
Die Kinder erklären, dass man um Hilfe rufen muss.
Zum Schluss zeigt die Lehrerin an der Tafel Bild 6.
Die Kinder beschreiben den Bildinhalt.
Lehrerin: Das Mädchen war stark unterkühlt. Sie musste nun schnell ärztlich versorgt werden.
Die Kinder überlegen weitere Hilfsmaßnahmen.

4. Textentwurf
Differenzierung 1: Die Kinder schreiben ihre Geschichte in Einzelarbeit.
Differenzierung 2: Die Lehrerin heftet Satzstreifen mit Begleitsätzen (KV 42) unter die Bilder. Jede Gruppe notiert zu zwei Bildern die Redesätze auf ein Blockblatt. Die Gruppen stellen in der Reihenfolge der Bilder ihre Vorschläge vor.
Nun schreiben die Kinder ihre Geschichte.
Differenzierung 3: Die Kinder erhalten ein Arbeitsblatt mit einem Lückentext zu jedem Bild (KV 43). Die Kinder ergänzen darauf die Sprechsätze mit den Satzzeichen und kreisen im Text alle Adjektive ein. Zuletzt formulieren sie selber das Ende der Geschichte.

5. Präsentation des Erstentwurfes
Kinder, die mit ihrer Geschichte fertig sind, suchen sich einen Partner, tauschen die Texte aus und lesen sie. Auf der Checkliste kreuzen sie ihren Eindruck an.

6. Überarbeitung des Erstentwurfes
Nun überarbeiten die Kinder ihre Geschichten mithilfe der Gestaltungstipps ihres Partners. Dann erst korrigiert die Lehrerin den Erstentwurf.

7. Präsentation der Endversion
Freiwillige Schüler lesen ihre Geschichte möglichst spannend vor.

In eisiger Not: Sechs Tafelbilder

Bild 1

Bild 2

Bild 3

Bild 4

Bild 5

Bild 6

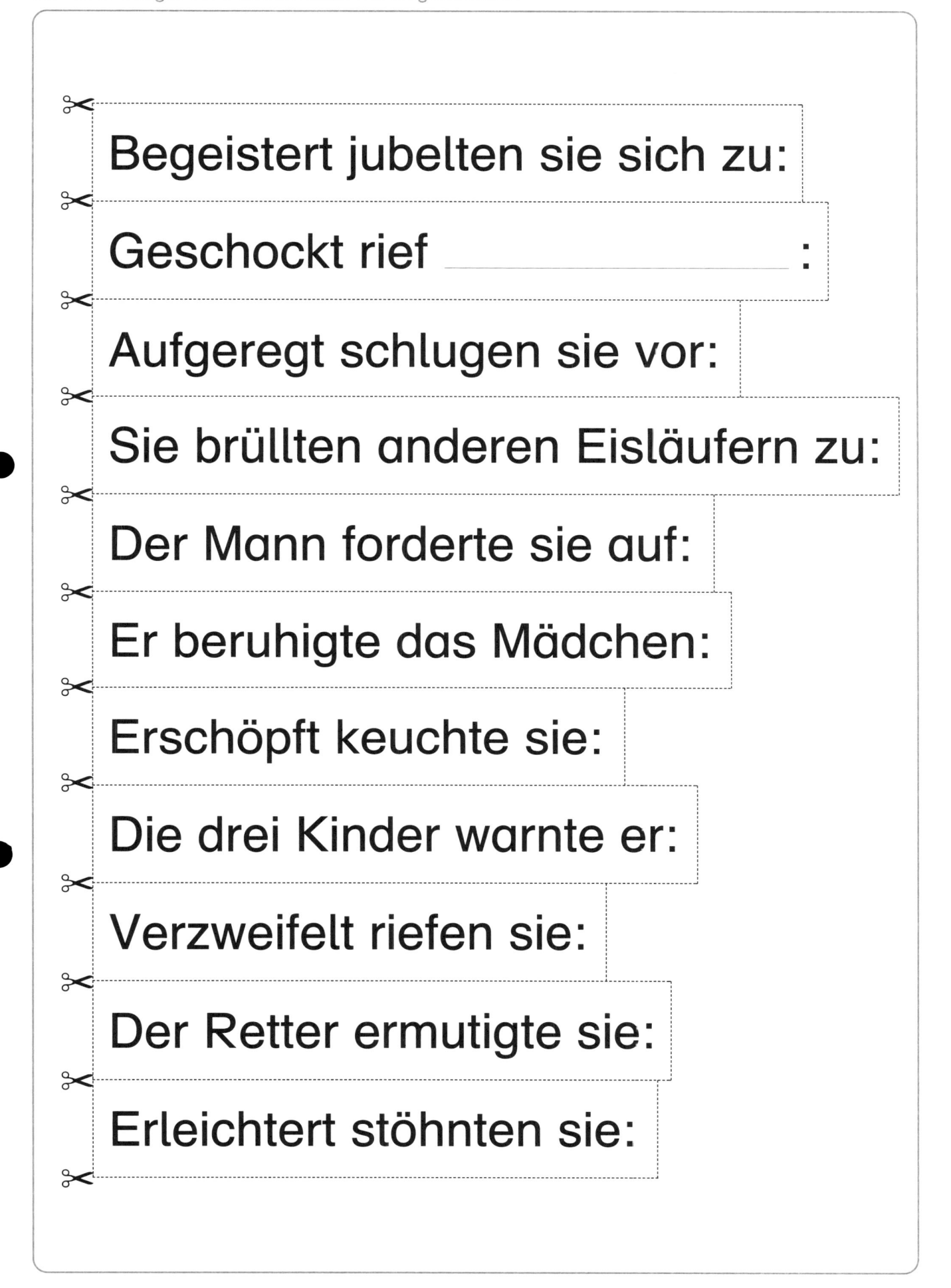

Begeistert jubelten sie sich zu:

Geschockt rief _____:

Aufgeregt schlugen sie vor:

Sie brüllten anderen Eisläufern zu:

Der Mann forderte sie auf:

Er beruhigte das Mädchen:

Erschöpft keuchte sie:

Die drei Kinder warnte er:

Verzweifelt riefen sie:

Der Retter ermutigte sie:

Erleichtert stöhnten sie:

KV 43 In eisiger Not: Redesätze / Lückentext zur Differenzierung 3

a) Ergänze in den Zeilen die Redesätze und setze dann die Satzzeichen.
b) Kreise in den Texten alle Adjektive/Wiewörter ein.
c) Schreibe zuletzt, wie die Geschichte endet.

1. An einem sonnigen Nachmittag trafen sich die Geschwister Sebastian und Nina mit ihren beiden Freunden am Weiher. Seit einigen Tagen war dort das Wasser gefroren. Flink zogen sie ihre Schlittschuhe an und betraten freudig die Eisfläche. Vergnügt glitten sie über das Eis. Begeistert jubelten sie sich zu:

_____

_____

2. Plötzlich knackte unter Nina das Eis verdächtig. Doch zu spät, Nina brach im Eis ein. Geschockt rief Sebastian:

_____

_____

Aufgeregt schlugen die beiden Freunde vor:

_____

_____

Also winkten sie heftig und brüllten den anderen Eisläufern zu:

_____

_____

3. Zum Glück eilte gleich ein hilfsbereiter Mann auf sie zu und forderte sie energisch auf:

_____

_____

Eilig knoteten sie ihre Schals und Jacken fest aneinander.

4. Nun warf der Helfer dieses lange Rettungsseil dem hilflosen Mädchen zu und beruhigte sie:

_____

_____

Glücklicherweise konnte Nina das Seil gleich packen. Erschöpft keuchte sie:

_____

_____

KV 43 In eisiger Not: Fortsetzung

5. Vorsichtig legte sich der Mann auf den Bauch und warnte die drei Kinder:

_____

_____

Jetzt zog er kräftig an dem Seil. In der Zwischenzeit riefen die Kinder verzweifelt:

_____

_____

6. Endlich konnte sich das Mädchen mit letzter Kraft aus dem eisigen Wasser auf die Eisfläche ziehen. Erschöpft lag sie auf dem Bauch. Ihr Retter ermutigte sie:

_____

_____

Stück für Stück zog er sie auf die sichere Eisfläche. Erleichtert stöhnte ihr Bruder:

_____

_____

7. _____

_____

_____

_____

_____

_____

_____

_____

_____

_____